Ich geh` mal kurz mit dem Hund raus. Das Nordkap, mein Fahrrad, Camillo und ich.

Andy Sauerwein

AF206196

Ich geh´ mal kurz mit dem Hund raus. Das Nordkap, mein Fahrrad, Camillo und ich.

Andy Sauerwein

Bibliografische Information der Deutschen Nationalbibliothek:
Die Deutsche Nationalbibliothek verzeichnet diese Publikation
in der Deutschen Nationalbibliografie; detaillierte bibliografische Daten sind im Internet über http://dnb.dnb.de abrufbar.

Korrektorat: Anne Socher
weitere Mitwirkende: Camillo, weltbester Hund.

Herstellung und Verlag: BoD – Books on Demand, Norder-
stedt

ISBN: 978-3-7494-8094-4

Für Opa. Danke.

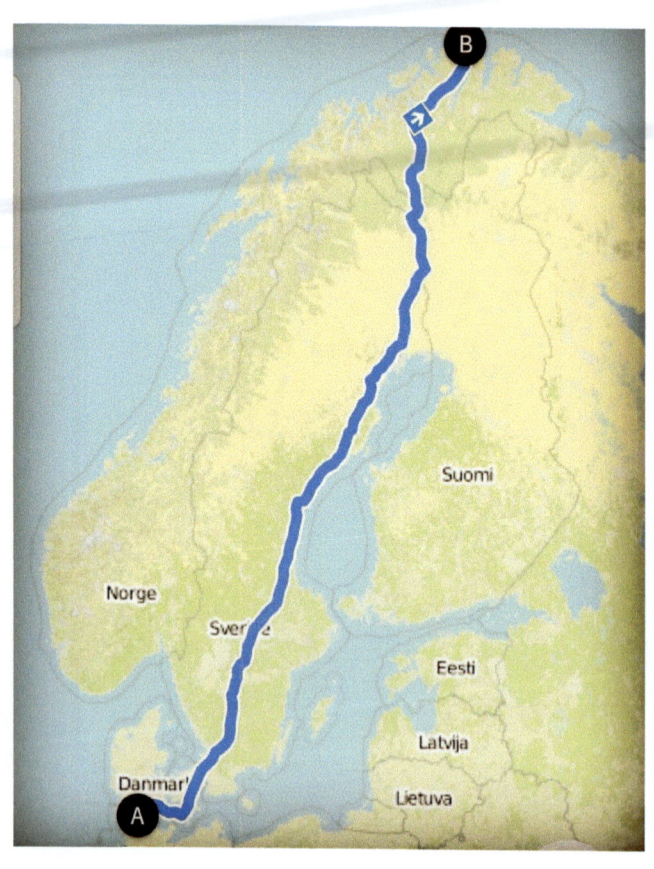

TAG 1

Camillo liegt unter meinem Sitz und schmatzt im Schlaf. Die Frau neben mir muss schmunzeln und betrachtet ihn gedankenverloren, als wäre mein Hund ein Lagerfeuer, das man stundenlang sinnentleert betrachtet. Wir halten in Würzburg. Eigentlich müsste sich jetzt für mich ein sentimentales Gefühl einstellen, wenn ich die Stadt passiere, in der ich bis vor kurzem noch die längste Zeit meines Lebens gewohnt habe. Zum Glück ist der Bahnhof aber so hässlich, dass in diesem Moment wenig Wehmut aufkommt. Durch das offene Fenster hört man eine Lehrerin auf dem Bahnsteig rufen, die ihre Schüler dazu ermahnt, zusammen zu bleiben und ihrem roten Schirm zu folgen.

Ein ältere Dame mit Wanderschuhen und Jack-Wolfskin-Jacke schiebt langsam die Abteiltür auf. Hinter ihr steht offensichtlich ihr Ehemann, daran erkennbar, dass er die Jacke in gleicher Farbe trägt. Langsam schweift der Blick der alten Dame durch das Abteil, in dem sich mir gegenüber nur noch ein einziger freier Sitzplatz befindet. Rechts davon sitzt ein Mann im Sakko am Fenster, der den Eindruck erweckt, als würde er die Dame gar nicht bemerken, sich aber dadurch verrät, dass seine Hände das Zeitungspapier zunehmend fester umkrallen, je länger sie ihre Augen über die Sitze kreisen lässt. Unauffällig auffällig versucht der Sakkoträger sein Blatt ein wenig höher zu halten, um sich ganz hinter der Süddeutschen Zeitung zu verstecken. Draußen heult ein Kind, es hat seine Klasse verloren. Direkt neben der Schiebetür zum Abteil sitzt ein etwa 15-jähriger Teenager, der gedankenverloren mit seinen Kabeln im Ohr an die Decke starrt und noch gar nicht gemerkt hat, dass er gerade seinen Sitzplatz verloren hat. Mit ausgestrecktem Finger deutet die vordere Jack-Wolfskin-Jacke auf ihn. Gute Wahl, den hätte ich auch genommen. Sie muss ihren Finger direkt vor seiner Nase kreisen lassen, bis der Teenie sie endlich bemerkt und aus seiner gekrümmten Sitzhaltung erschrocken hervor schnellt.

„Ob hier noch frei ist?", wiederholt sie ihre Frage und meint damit den Sitz, auf dem sich ihr Opfer gerade noch räkelt.

Überrascht von dieser forschen Art, kommt erst nur ein Stammeln aus seinem Mund, dann formen sich langsam Sätze, dass es doch weiter vorne im Zug noch freie Plätze geben soll, was aber mehr wie eine Frage klingt. Die alte Frau macht ihren Rücken immer runder und gebrechlicher, ihr Mann atmet im Hintergrund heiser pfeifend. Fast fragt man sich, wie dieses todgeweihte Paar es überhaupt die drei Stufen in den Zug geschafft hat. Aber es ist der Teenager, der zuerst einknickt und sich langsam aus dem Sitz schält. Er packt seine Sachen und schleicht gedemütigt davon, verfolgt von einem zitternden „Dankeschön!" der alten Dame, die langsam Mühe hat, die Abteiltür noch länger offen zu halten.

Nun fährt auch die Zeitungswand wieder herunter, der Sakkomann springt auf und hilft den Greisen durch die Tür. Sie lassen sich in die eroberten Sitzplätze fallen und aus ihren alten Körpern entweicht ein Schnaufen, als wären gerade zwei Buckelwale aufgetaucht. Für fünf Sekunden sitzen sie völlig regungslos da, als hätte jemand bei ihnen auf die Pause-Taste gedrückt. Dann geht alles plötzlich sehr schnell. Sie packt ihre Thermoskanne aus dem Deuter-Rucksack und füllt ihrem Mann den Jagertee in den Becher, während er die Wanderkarte „Voralberg" heraus kramt und studiert. Alkoholduft strömt durch das Abteil und neues Leben in die welken Hüllen, die eben noch so wirkten, als würde sich für die Beiden nur noch ein Kurzstrecken-Ticket lohnen. Für morgen schlägt er seiner Frau eine Zwanzig-Kilometer-Tour zum Aufwärmen vor, um am Tag darauf dann das Geißhorn in Angriff zu nehmen. Langsam wird mir bewusst, dass die Herrschaften den Enkeltrick reversibel durchgeführt haben und das sicher nicht zum ersten Mal. So routiniert wie sie den armen Kerl aus dem Abteil komplimentiert haben, war das eine eingespielte Vorführung, hundertmal erfolgreich dargestellt und für die sie sich gerade selbst feiern, indem sie mit einem Zwinkern anstoßen und die Becher exen. Sie bemerken meinen Blick und versuchen nun auch mich in ihren Siegeszug mit einzubinden und fragen, ob Camillo denn auch einen Schluck Jagertee möchte, hihihi. Mir platzt der Kragen von so viel Ungerechtigkeit und ich sage, dass sie den Jungen ja gerade sauber verarscht haben. Für einen Moment wird es still im Abteil. Sakkomann lässt interessiert sein Blatt wieder sinken. Die Oma schaut mich mit gespielter Empörung an, aber ihr schauspielerisches Talent hält sich diesmal in Grenzen.

„Ich weiß gar nicht was Sie meinen, ich habe ganz höflich gefragt! Immerhin ist es weit bis Bregenz", sagt sie und dabei rutscht ihre Stimme sukzessive eine Oktave höher.

„Stimmt", sage ich, „da heißt es Energie sparen. Von Kiel bis Bregenz ist es nämlich ein ganzes Stück zu wandern."

Sie schaut erst mich fragend an, dann ihren Mann, der nur mit den Schultern zuckt. Ich zeige auf die Anzeige im Flur und erkläre ihr: „Dieser Zug fährt nicht nach Bregenz sondern nach Kiel. Viel Spaß an der Ostsee."

Zweihundert Kilometer müssen sie noch warten, bis sie umsteigen können, dann schleichen sie in Kassel wirklich langsam aus dem Abteil.

Endlich in Hamburg angekommen, empfangen mich Maja und Stephan am Bahnhof und helfen mir beim Ausladen. Dreitausend Kilometer habe ich noch vor mir, die ich durch die Wildnis radeln möchte, aber die größte Angst habe ich davor, an einer Zugtür zu scheitern. Nur drei Minuten stehen mir zur Verfügung, um alles aus dem Zug heraus zu werfen. Der Hänger ist zu breit und bleibt in der Tür stecken. Während Stephan von außen an der Deichsel zieht, werfe ich mich mehrmals von innen dagegen und irgendwann ploppt das Gefährt heraus und ich schaffe es gerade noch, nicht auf den Bahnsteig zu fallen. „Geschafft, jetzt nur noch zum Nordkap!", sage ich und wir lachen.
Am Parkplatz verladen wir alles in den Bulli, bevor es weiter Richtung Flensburg geht. Erst jetzt haben wir so richtig Zeit uns zu begrüßen.

In den letzten Jahren gibt es eine gesellschaftliche Strömung die groß in Mode gekommen ist: Die „Sharing-Community." Immer mehr erwachsene Menschen, die weit über das Studentenalter hinaus sind, teilen ihre Wohnung mit Mitbewohnern, ihr Werkzeug, sogar ihr Essen. Wer zu Hause ein Schlafsofa besitzt, stellt es für Couchsurfer zur Verfügung, die durch die Welt reisen und kein anonymes Hotelzimmer suchen. Wer noch drei Sitzplätze im Auto frei hat, der lädt Mitfahrer ein und man teilt sich die Spritkosten. Alle diese Dinge habe ich bereits gemacht und ausschließlich schöne Begegnungen gehabt.

Maja saß auf meiner Rückbank von Dortmund bis Würzburg und wir haben bald festgestellt, dass sie wie ich im Stadtpark laufen geht. Ab diesem Moment ist Camillo jedesmal vor Freude ausgerastet, sobald er Maja gesehen hat, denn dann war klar: Heute geht nichts unter zehn Kilometern. Wenn ich für Kreuzfahrten engagiert wurde, war Maja künftig Hundesitterin Nummer Eins und nach jeder Reise holte ich danach einen völlig durchtrainierten Hund ab, der mich nur mit einem gleichgültigen Schwanzwedeln begrüßte. Einerseits war ich schon etwas eifersüchtig, dass es ihm völlig egal war, wenn ich wegfahre, auf der anderen Seite hat es mir die lange Abwesenheit deutlich erleichtert, weil ich wusste, meinem Hund geht es prächtig. Bald lernte ich auch Stephan kennen und die beiden passen wie Arsch auf Eimer zusammen. Wenn man beide gemeinsam erlebt, überträgt sich ihre ganze Harmonie auf die unmittelbare Umgebung.

In meiner Vorbereitungszeit für meine Tour habe ich oft mit Stephan gesprochen, der mir von seiner Trainingsrolle zu Hause erzählte, auf die er sein Rad spannte, um dann virtuelle Rennen am Computer zu fahren. Das perfekte Training bei schlechtem Wetter und für mich die ideale Kombination, um zwei meiner Süchte zu kombinieren: Computerspielen und gleichzeitig Sport machen. Sobald nur eine Wolke am Himmel war, wurde von mir das Wetter als „Zu-Schlecht-Zum-Draußen-Radeln" definiert und ich fuhr den PC hoch, klinkte mein Hinterrad in die Rolle ein, die sich mit meiner Software verband und schon fuhr ich dem originalgetreuen Abbild von Alpe d`Huez hoch. Ich fühlte mich wieder wie der 16-jährige

Andy vor der Playstation, nur dass ich jetzt nicht mehr meinen Ferrari in Gran Tourismo tunte, sondern auf Zwift meinen Avatar mit einem neuen Carbonrahmen belohnte. Künftig traf ich mich am Sonntagnachmittag nicht mehr mit Freunden auf einen Kaffee, sondern mein wöchentliches Hundert-Kilometer-Rennen stand an. Jede kurze Bluetooth-Unterbrechung, bei der mein Avatar plötzlich nicht mehr weiter fuhr und ich den Anschluss zur Ausreißer-Gruppe verlor, wurde auch von den Nachbarn durch mein panisches Schreien zur Kenntnis genommen. Bald konnte ich Stephan Empfehlungen aussprechen, welche Trainingsprogramme nichts bringen und dass Zwift mit Abstand alles schlägt. Nach dem Wintertraining fühlte ich mich so fit, wie schon lange nicht mehr, aber eine Sache wunderte mich sehr: Ich hatte immer noch achtzig Kilo auf den Rippen und damit fast fünf Kilo mehr, die ich sonst bei meinem üblichen sportlichen Pensum hatte. Ist das das Alter, von dem alle immer sprechen und warnen? Ist es nun soweit, dass ich einfach nicht mehr den körperlichen Zustand erreiche, den ich sonst vor meinen Halbmarathon-Läufen hatte? Ich bin ins Grübeln gekommen und mein kommender 40. Geburtstag fühlte sich langsam als Bedrohung an.

„Ab jetzt tickt die Uhr rückwärts, Sauerwein", dachte ich mir, „du kannst den Verfall nicht stoppen."

Zum Glück kenne ich Maja, die als Psychologin und Triathletin immer die richtigen Worte findet und die mich in meiner Frühjahrs-Krise am Telefon beruhigen konnte.

„Wenn du den ganzen Winter auf deiner Rolle sitzt, hast du natürlich deutlich mehr Muskeln aufgebaut und bist dadurch schwerer", beruhigte sie mich.

Sie erzählte mir, dass sie nach ihrer Schwangerschaft weniger wog als zuvor, da sie die vorangegangenen Monate einfach nicht mehr so viel trainieren konnte und sich dadurch ihre Muskeln zurück gebildet haben. Das alles beruhigte mich sehr. Es sind also nur Muskeln.

Du bist also nur muskulöser geworden, du geiler Typ, stellte ich nach dem Telefonat zufrieden fest. Noch am gleichen Abend stand ich vor dem Spiegel und versuchte meine neuen Muskeln zu definieren, fand aber nichts. Seitdem traue ich dem Spiegel nicht mehr.

Stephan erklärt mir, dass er lieber die ganze Strecke selbst fährt, da Majas Muttergefühle es nicht aushalten, sobald die Kleine etwas länger schreit und sie ans Lenkrad gefesselt ist.

„Da ist sie kurz davor, mitten auf der Autobahn auf den Standstreifen zu fahren und zu stoppen!", zwinkert er mir mit einem Augen zu, während er das andere Auge auf die Fahrbahn richtet.

„Andere sagen ja, ihr Schreien würde sehr leise klingen, aber für mich ist es unfassbar laut", ergänzt Maja auf der Rückbank.

Ich lächle. So müssen Mütter sein. Irgendein Urinstinkt lässt sie die ersten Jahre beim geringsten Geräusch ihrer Kinder aufhorchen. Ich erzähle von einer ehemaligen Kollegin, die im Lehrerzimmer einmal erzählt hat, dass sie nun nach sieben Jahren zum ersten Mal nachts nicht mitbekommen hat, dass ihr Sohn auf Toilette gegangen ist.

„Eigentlich bringt es gar nichts, sich nachts abzuwechseln, wenn die Kleine schreit, ich bin sowieso immer gleich hellwach", sagt Maja.

Wir reden viel, lachen und ich fühle mich wohl. Ich erzähle noch einmal, wie ich damals nach Majas Geburtstagsfeier fast meinen Flug verschlafen hätte und es gerade noch rechtzeitig völlig zerstört und verkatert in die Maschine Richtung Karibik geschafft habe. Vor wenigen Jahren war ich noch fast die Hälfte des Jahres auf See. Wie sich doch alles verändert.

Stephan will noch einmal den genauen Streckenverlauf wissen und ich rekapituliere noch einmal meine Route. Von Flensburg geht es nach Dänemark über die südlichsten Ostseeinseln an Kopenhagen vorbei, anschließend mit der Fähre nach Helsingborg auf das schwedische Festland. Der größte Abschnitt führt mich dann durch Schweden, bis ich ganz im Norden noch ein kleines Stück an Finnland anschließe, bevor die Strecke nach Westen abbiegt und ich in Norwegen ans Nordkap gelange, 2700 Kilometer in dreißig Tagen. Wir stimmen überein, dass das mit dem Rennrad eigentlich gut zu schaffen ist, wäre da nicht dieser Hänger mit Camillo darin.

„Fünfzig Kilogramm Zuggewicht, das ist dann Kopfsache", meint Stephan.

Maja seufzt.

„Ein wenig beneiden wir dich ja schon, dass du das machen kannst, wir sind da jetzt wegen der Kleinen erstmal ein paar Jahre eingeschränkt."

Eine Weile reden wir nicht und ich schaue aus dem Fenster, dann müssen wir kurz halten, weil Camillo jammert und pinkeln muss.

Tag 2

Wohin ich denn fahre, fragt mich der dänische Grenzbeamte.

„Im besten Fall bis zum Nordkap", antworte ich.

„Holy shit!", sagt er, „das ist aber weit!"

„Wenn ich keine Lust mehr habe, dann kann ich ja umdrehen", sage ich.

„Na dann bis morgen", antwortet er, grinst und gibt mir meinen Ausweis zurück.

Ich lache und steige wieder aufs Rad. Die ersten hundert Meter auf dänischem Boden fahre ich extra ein wenig sportlicher, damit ich dem Grenzbeamten zeigen kann, dass ich sicher mehr als einen Tag auf dem Sattel aushalte.

Irgendwie ist das mein Ding. Ich kann stundenlang auf dem Fahrrad sitzen und den ganzen Tag fahren. Es hat etwas Meditatives für mich. Wenn ich mit gleichmäßiger Atmung, einem leicht erhöhten Puls und dem Geräusch von rollendem Gummi auf Asphalt durch die Landschaft radele, dann fühle ich mich glücklich und frei. Strandurlaub hingegen ist nichts für mich. Ich kann ungefähr eine Stunde auf der Liege in der Sonne braten, dann muss ich etwas unternehmen. Ich lag an den schönsten Stränden der Welt und fing an, die anderen Crewmitglieder zu nerven, weil ich mich langweilte. Man macht sich schnell unbeliebt, wenn man von den verkaterten Gesichtern verlangt, etwas zu unternehmen, die aber noch die Party vom Vorabend ausatmen müssen. Seitdem habe ich immer eine Schwimmbrille und Joggingschuhe beim Strandausflug dabei, sollte es vor Ort keinen Surfbrett-Verleih geben.

Die dänische Bundesstraße nach Fynshav ist nicht unbedingt die schönste Strecke und hoch frequentiert, aber ich will das gute Wetter nutzen und die ersten Tage möglichst schnell vorankommen. Es ist laut. Die LKWs rauschen vorbei, halten aber freundlich Abstand und Camillo liegt entspannt in seinem Hänger und döst. Solange ich nicht abrupt bremse oder die Kurven zu eng nehme, kann ich mich darauf verlassen, dass mein Hund seine Kutsche nicht verlässt.

Am Anfang musste ich ein wenig beim Packen knobeln und Tetris spielen, denn mit dem Zelt gibt es nun ein neues Gepäckstück, das Camillos Platz etwas einschränkt. Mit viel logistischem Geschick und Camillos stoischer Gelassenheit ist es uns aber gelungen, aus einem normalen Fahrradanhänger ein reisetaugliches Gefährt zu machen, das für unsere Bedürfnisse zugeschnitten ist: Das Camillobil. Im eigentlichen Fußraum habe ich meine Verpflegung, die Gaskartuschen und Hundefutter gestapelt. Darüber liegt meine Isomatte, einfach gefaltet, darin eingewickelt meine Kleidung, so dass Camillo eine weiche Liegefläche hat, die ich leicht abwaschen kann und was sich in ein paar Tagen noch als sehr nützlich erweisen wird.

An der Querstange über Camillo sind der Schlafsack und ein Paar Schuhe angebunden und baumeln wie die Töpfe eines fahrenden Händlers herunter, während das Faltzelt in flachrunder Form die hintere Rückwand bildet. Die meiste Zeit ziehe ich 50 Kilogramm hinter mir her, es sei denn wir haben ein freies Feld vor uns. Dann darf Camillo aus dem Hänger springen, mein Zuggewicht halbiert sich, aber ich muss jetzt doppelt so schnell fahren, da mein Hund die Gelegenheit nutzt und sofort zum Sprint ansetzt. Jahrelang machen wir das nun so und haben mit dem Camillobil schon etliche tausend Kilometer bestritten.

Unser skurilles Gespann fällt auf. Auf dem Autodeck der Fähre von Fynshav nach Bøjden sind wir umringt von asiatischen Touristen, die Selfies mit Camillo im Hänger machen. Ein Fährarbeiter kommt dazu und muss die Menschenmenge auffordern, in ihren Bus zurück zu gehen, da wir gleich anlegen. Zuerst dürfen alle Radfahrer von Bord und es gleicht einem Massenstart, als sich alle in Bewegung setzen. Selbstverständlich muss ich mich an die Spitze des Pulks setzen, der Rückenwind unterstützt mich dabei und wir kommen mit durchschnittlich 25 km/h gut voran. Bald sind wir wieder alleine und passieren Weizenfelder, wo nur vereinzelt ein paar dänische Fachwerkhäuser den Wegrand markieren.
Während ich die Tour geplant habe, ist mir ein Detail entgangen: Dänemark ist echt schön! Für mich war es bis zu diesem Zeitpunkt nur Durchgangsstation, um nach Schweden zu kommen. Jetzt wo ich die schönen Häuser sehe und die vielen Radfahrer grüße, wird mir erst bewusst, was für ein Fahrradparadies dieses Land ist. Das ist das Schöne an solchen Urlauben: Man kann nur positiv überrascht werden, die negativen Dinge lässt man schnell hinter sich und fährt weiter. Wenn man im Katalog sein Hotelzimmer wählt, dann wird man entweder in seiner Erwartung nur bestätigt oder ist enttäuscht, weil es nicht so aussieht, wie auf den Fotos. Ich

konnte mir vorher keine Fotos anschauen und Ausflüge buchen, die mir genau sagen, zu welcher Uhrzeit ich wo zu sein habe. Auf dem Schiff war alles streng getaktet: 10 Uhr Anlegen, 12-14 Uhr Panoramafahrt im Bus mit Fotostopp, 17 Uhr Abfahrt und wer zu spät kommt, hat Pech gehabt und bleibt zurück.

Vor einem Supermarkt sprechen mich zwei ältere Damen auf Camillo an und wir kommen ins Gespräch. Sie erzählen mir von einer App, die mir günstige Übernachtungsmöglichkeiten für Radwanderer in Dänemark anzeigt. Ein Reisebus passiert uns, hupt und hinter den Fenstern winken uns begeistert Asiaten zu. Die Omas sind kurz irritiert, dann erzählen sie weiter und ermahnen mich, dass es bald regnen wird und ich nicht mehr so weit fahren darf. Tatsächlich ist es mittlerweile spät nachmittags. Die Damen empfehlen mir einen Rastplatz im Wald, wo man kostenlos Zelten darf und ich verspreche ihnen, rechtzeitig dort zu sein, bevor es zu regnen beginnt. Es wird meine erste Nacht im Wald sein. Wir haben heute 91 Kilometer geschafft.

Bis zum Nordkap sind es noch 2573 Kilometer.

TAG 3

Was braucht ein Mensch zum Glücklichsein? Zu Hause habe ich über die Jahre so viel Zeug angesammelt. Im Keller stauben Playstation I bis III vor sich hin, in meiner Garage stehen eine Vespa und zwei Motorräder, meine ganze Wohnung ist voller Souvenirs aus aller Welt. Im Kleiderschrank befinden sich noch sämtliche Requisiten der vergangenen zehn Jahre, die ich irgendwann einmal für zehn Minuten auf der Bühne getragen habe und seitdem nur noch als Staubfänger dienen. Sogar eine Schwimmweste liegt da noch, die ich zuletzt mit 14 Jahren am Gardasee anhatte – und jetzt liege ich in meinem Decathlon-Zelt für 80 Euro und bin rundum zufrieden mit meinem Radler-Dress, einer Jeans, Hemd und Regenkleidung. Am Vorabend habe ich es geschafft, ein Feuer zu machen und dank Youtube-Tutorial (okay, Handy muss sein) ist es mir irgendwann auch gelungen, mit meinem Schweizer Messer eine Dose zu öffnen. Wenn man als Mann so etwas alleine in der Wildnis schafft, dann fühlt man sich bereit für die Weltherrschaft.

Der angekündigte Regen kam erst heute Vormittag, aber dafür umso heftiger. Zwei Stunden muss ich warten, bis ich eine kurze Regenpause nutzen kann, um alles zusammen zu packen und endlich weiter zu fahren. Für diesen Platz im Wald habe ich etwa 20 Kilometer Umweg in Kauf genommen und ich muss eine lange Schotterstraße fahren, um wieder auf die Landstraße zu kommen. Beste Gelegenheit, um Camillo laufen zu lassen. Ich klicke noch einmal kurz aus den Pedalen, halte und drehe mich um. Camillo sitzt bereits angespannt mit spitzen Ohren da und wartet auf sein Kommando.

„Hopp!"

Noch bevor ich mein Kommando beende, hat er bereits zwanzig Meter Vorsprung. Ich verhake mich in den Klickpedalen und komme nicht gleich rein. Hundert Meter Vorsprung. Der Kerl ist mittlerweile fast neun Jahre alt, aber zieht mich immer noch gnadenlos ab. Nach etwa einen Kilometer sind wir wieder auf gleicher Höhe und steuern in gleichmäßigen Tempo auf die nächste Kreuzung zu. An der Landstraße angekommen, springt mein Bub wieder zufrieden und ausgepowert in sein Camillobil. Jetzt könnte ich eigentlich wieder etwas entspannter fahren, wären da nicht die kleinen Hügel, die mich immer wieder fordern. Leichte Steigungen von fünf Prozent überrolle ich normalerweise mit dem Rennrad, aber mein schweres Gepäck zwingt mich jedes Mal hinten auf das größte Blatt zu schalten. Als eine kleine Abfahrt kommt, bemerke ich den Plattfuß. Nicht einmal zehn Kilometer haben wir bisher geschafft und schon muss ich die erste Zwangspause einlegen. Camillo darf wieder aus seinem Camillobil springen und im Feld Mäuse jagen, während ich den Hinterreifen ausbaue. Neben mir stehen drei Pferde auf der Weide, die mich dabei interessiert beobachten. Camillo hält Sicherheitsabstand. Er war zwei Jahre alt, als er einmal an einem Elektrozaun geschnuppert hat, seitdem kennt er das Klacken des Gerätes, das für den Schmerz verantwortlich ist. Da ich ohnehin anhalten musste, nutze ich gleich die Zeit für ein Brot mit Erdnussbutter. Wenn ich die Panne mit einer Essenspause kombiniere, habe ich zumindest schon wieder etwas von meinem heutigen Rückstand eingeholt. Die Sonne schaut kurz heraus, weitere Radler passieren und grüßen uns. Ich sattle wieder auf, fahre fünf Kilometer, dann kommt der

nächste Regenschauer. Okay, am Timing arbeiten wir noch…
Also noch einmal anhalten, Regenjacke an und weiter geht's.
Es ist nur ein leichter Nieselregen, der bald wieder abklingt.
Durch die Jacke hat sich aber im Inneren nun ein Biotop gebildet, ich schwimme förmlich im Schweiß. Also wieder anhal-
ten, Jacke aus, weiterfahren. Jetzt ist es kalt. Ich ziehe meine
Armlinge an und tatsächlich wärmen sie etwas. Ein paar Son-
nenstrahlen wären jetzt nicht schlecht, um wieder zu trocknen, aber die dicken Wolken verweigern wie eine Herde
schlecht gelaunter Türsteher jegliches Durchkommen. Ein
Blick auf meine Wetter-App zeigt mir an, dass es nun in einer
Stunde wieder kräftig regnen soll. Dann wäre ich außen wie
innen komplett durchnässt. Ich passiere ein Hinweisschild
Hotdogs & Camping. Interessante Kombination. Ich bin neu-
gierig und entschließe mich, heute etwas früher mein Lager
aufzuschlagen. Die Rezeption für den Campingplatz ist
tatsächlich in der Imbissbude. Hinter dem Tresen steht ein
blonder Hüne, wild behaart, der Bizeps drückt sich im
Baumfäller-Hemd durch. Dür einen Moment überlege ich, ob
ich nicht versehentlich mitten in ein Filmset für einen ganz
schlechten und flachen Werbedreh für Hotdogs geplatzt bin,
so fehl am Platz wirkt dieses männliche Topmodel in dieser
verranzten Bude. Zwei Hunde ziehen ihre Nasen über den Boden und saugen sämtliche Pommes- und Ketchup-Reste ein.
Der Hüne fragt, ob mein Hund auch einmal durchlaufen will.
Ich muss lachen und frage ihn, ob denn einer seiner Cam-
pinghütten noch frei ist.

„Klar", sagt er.

Eine Gruppe Motorradfahrer kommt rein, man begrüßt sich
auf Dänisch, dann wendet sich der skandinavische Brad-Pitt-

Verschnitt wieder mir zu. Achtzig Euro will er für die kleinste Hütte.

Ich stutze.

„Das ist mir zu teuer für eine Nacht", sage ich und frage, wie viel ein Zeitplatz kostet.

„Es regnet bald", antwortet er, ohne auf meine Frage einzugehen und schaut mich durchdringend an.

„Ich weiß", sage ich und erwidere seinen Blick, dann verrutscht meine Kontaktlinse und die Augen fangen an zu tränen.

„Fünfzig Euro für die Hütte", antwortet er in mitleidigem Ton und weil er denkt, dass ich heule.

Ich stutze wieder und antworte, dass er ja ganz schön schnell mit seinem Preis runtergeht.

„Welcome to Denmark!", antwortet er und knallt die Schlüssel auf den Tresen, ohne abzuwarten, ob ich überhaupt einschlage.

Eine halbe Stunde kann ich noch das Zelt auf dem Rasen trocknen, dann fängt das Gewitter an. Selbstverständlich habe ich die Hütte genommen. Camillo sitzt am Fenster und schaut mit verträumten Blick zur Imbissbude.

Wenn ich es bis Ende August zum Nordkap schaffen will, dann muss ich ab morgen jeden Tag mindestens 85,3 Kilometer fahren. An sich keine übermenschliche Strecke mit dem Rennrad, aber nicht täglich mit meinen fünfzig Kilogramm Zuggewicht. Realistischer für mich sind fünf Tage am Stück und jeden sechsten Tag ein Ruhetag. Dann wären es 25,5 Tage bei täglich 102 Kilometern - jeden Tag also eine dreistellige Strecke. Egal, wie viele Berge dazwischen sind und ob ich mich verfahre... Camillo winselt. Einer der Imbisshunde markiert einen Abfalleimer, dann geht er wieder rein. Alter...ich spüre, wie sich mein Brustkorb zuschnürt. Warum habe ich überhaupt angefangen zu rechnen? Vielleicht sollte ich es besser so angehen: Täglich mindestens 85 Kilometer und wenn ich in der Summe aller Tage 85 Kilometer über meinem Soll bin, dann gönne ich mir einen Tag Pause. Mein Brustkorb fühlt sich wieder etwas freier an. Kognitiv umstrukturieren - kann ich. Dazu kommen aber noch zahlreiche Variablen, die ich nicht voraus berechnen kann: Regentage, starker Gegenwind, Katzen. Ich streichle Camillos Kopf und beruhige damit auch mich. Was ich auf jeden Fall voraussagen kann: Solche erzwungenen Regentage wie heute sind nicht gut für mich. Ich kann einfach nur da sitzen und warten. Mir ist langweilig. Es kommt wieder dieses alte Gefühl der Hilflosigkeit. Mir fehlt es an Bewegung, ich habe nichts, das mich ablenken kann. Wie oft ich dieses Gefühl früher ertragen musste.

Die Leute pfeifen immer durch die Zähne, wenn ich erwähne, dass ich in einem katholischen Jungen-Internat in Lohr am Main aufgewachsen bin. Aber was dort wirklich vorgefallen ist, das traut sich dann doch keiner zu fragen. Wenn ich mir die Reden des derzeitigen Papstes anhöre, dann ist das der pure Zynismus und es wird nur die Spitze des Eisberges thematisiert. Das so etwas nie wieder vorkommen darf und eine Ausnahme sei. Dass damit so viele unschuldige Gemeindemitglieder in Mitleidenschaft gezogen werden. Dass man nicht pauschalisieren darf. Wie es zu solchen Missbrauchsfällen kommen kann, wird dann immer gefragt und alle wundern sich, warum keiner etwas gesagt hat. Wer einmal in einem solchen System gefangen war, für den ist es völlig klar, warum nur so wenig von den Vorgängen im Inneren nach außen dringt.

„Das ist das Beste für dich", haben meine Eltern zu mir gesagt. Es sei ja nur für meine Zukunft, damit ich endlich mal was lerne und nicht immer so faul sei. „So kann es ja nicht weiter gehen." Sie hätten ja alles probiert mit mir, wollten mich unbedingt aufs musische Gymnasium schicken, aber leider haben die Noten dafür einfach nicht ausgereicht.

Vor allem meine Mutter verstand es gut, vor Pater Robert und der Fröhlich Mitleid zu erregen.

„Naja, es besteht ja noch Hoffnung", haben sie gesagt. „Man kann auch noch nach der sechsten Klasse Hauptschule aufs Gymnasium kommen."

Meine Mutter riss die Augen auf, auch ich war erstaunt. Wie jetzt?

„Er muss dann eben nochmal in der fünften Klasse anfangen, aber dafür ist er dann im Gymnasium", erklärte Frau Fröhlich.

Nochmal zurück in die fünfte Klasse, obwohl ich eigentlich in der siebten Klasse wäre... mein Magen schnürte sich zu.

„Und ich dachte schon, wir haben zu lange gewartet", seufzte meine Mutter.

Sie gingen ins Büro zur Anmeldung. Ich musste draußen warten.

Mein Handy klingelt. Es ist Oma. Wie es ihrem Boy geht, fragt sie mich. Wir reden kurz. Bei mir ist alles fein, wie es denn ihr geht, frage ich sie.

„Ach, ich kann nicht klagen."

Sie klagt nie. Sie seufzt nur und gibt sich betont tapfer."Seitdem unser Opa nicht mehr da ist, seitdem ist eben vieles anders. Aber so ist das eben, wenn man alt ist."

Ob ich auch warm genug eingepackt sei, fragt sie mich und ob das Geld reiche. Ich beruhige sie und sage ihr, dass es mir gut geht. Der Regen klingt langsam ab und einen gleichmäßigen Rhythmus gefunden, in dem er auf das Hüttendach trommelt.

„Das ist schön, dann will ich dich nicht weiter stören."

Ich sage ihr, dass sie nie stört. Sie freut sich. Bei den anderen habe sie eben manchmal das Gefühl, dass sie stört, bei mir aber nie, dann verabschiedet sie sich. Ich schaue auf die grüne Wiese, wo ich eben noch mein Zelt getrocknet habe. Oma war traurig, als sie davon erfuhr, dass sie mich angemeldet haben.

Ob ich das wirklich will, hatte sie mich gefragt. Als hätte ich das jemals selbst entscheiden können, als hätte ich jemals eine Wahl gehabt. Jahrelang schrie mich meine Mutter an, dass sie mich ins Kinderheim gibt, wenn ich so weitermache. Dann können die im Internat zusehen, wie sie mit mir zurecht kommen. Sie benutzte Internat und Kinderheim immer als Synonym, egal wohin, Hauptsache weg.

Ich nickte nur. Das war ja das Beste für mich. Es konnte ja so nicht weitergehen. Oma verdrückte sich eine Träne.

Ich war zehn Jahre alt und sollte sechs Jahre dort bleiben. Eigentlich war es kein richtiges Internat, sondern mehr eine Kombination aus Kloster, Gefängnis mit Freigang und Umerziehungs-Anstalt. Vormittags gingen wir in eine öffentliche Schule, anschließend zurück ins „Alo", wo bis zum nächsten

Morgen die Türen hinter uns zugingen. Mir kam es wie eine Zeitreise vor. Ich wurde von den frühen Neunziger mitten in die Fünfziger Jahre katapultiert. Es gab für alles nur Säle: Ein Studiersaal mit Pulten, Schlafsäle mit je 20 Betten, einen Speisesaal, im obersten Stockwerk waren auf 50 Meter Länge die Schränke und Waschbecken aneinander gereiht.

In der Küche arbeitete Marianne. Eine alte, bucklige, kleine Frau, die sich immer in den Nacken griff. Ihre Zunge hing verkrampft aus dem Mund und sie würgte jedes Wort einzeln mit viel Speichel hervor. Sie trug immer die gleiche Küchenschürze, die mindestens so alt war wie ihr Geburtsjahr.

„Marianne hatte als Kind eine Hirnhautentzündung, aber unsere kleine Marianne ist wirklich eine ganz Schlaue", sagte die Fröhlich, nahm sie dabei in den Arm und redete mit ihr, wie mit einem kleinen Mädchen.

„Sie ist ja so süß, unsere Marianne und ein wirklich helles Köpfchen!", sagte sie und kniff ihr in die Wange, während die Gekniffene vor sich hin kicherte und dabei Geräusche wie ein Geysir machte.

Marianne war genau so alt wie die Fröhlich und und hinter der Fassade ihrer Behinderung kam bald die Hexe zum Vorschein. Beim Spüldienst drangsalierte sie uns immer, wenn irgendwo auf den Tellern noch ein Tropfen Wasser war. Sie grunzte dann immer, brüllte ihre Vokale laut durch die Küche und wir mussten noch einmal alles abtrocknen. Wir merkten bald, dass unter dem Schleier ihrer Behinderung ein mindestens genau so schlimmer Drachen wie die Fröhlich steckte und letztendlich konnten wir froh sein, dass sie nicht richtig reden konnte. Marianne fing gerne Schüler im Flur ab und versuchte sie zusammen zu stauchen, weil sie entweder zu sehr mit den Füßen auf den frisch gebohnerten Boden hatschten, ihrer Meinung nach zu laut waren oder zu schnell rannten. Wir rächten uns bei ihr, indem wir uns einfach dumm stellten: „Tut mir leid, Marianne, was hast du gesagt? Ich verstehe dich einfach nicht!"

Diese Taktik hatte bald jeder von uns drauf und während sie wie ein Rumpelstilzchen auf dem Boden stampfte und vor Wut aus dem Mund schäumte, trollten wir uns kichernd davon – selbstverständlich wieder genau so ungebührlich wie vorher auch.

Wir mussten dreimal die Woche zum Gottesdienst, einmal Mittwoch Abend, einmal Freitag früh um 6.30 Uhr und an den Internatswochenenden natürlich am Sonntag. Auch sonst war immer Beten angesagt: Vor dem Mittagessen, nach dem Mittagessen, vor und nach der Studierzeit und mindestens zehn aneinandergereihte Gute-Nacht-Gebete am Abend. Dazu kam jeden Abend im Oktober der Rosenkranz und im Mai tägliche Marienandacht. Ich dachte mir immer, dass der liebe Gott von uns ganz schön angenervt sein muss, sollte unser ständiges Beten wirklich bei ihm ankommen.

Duschen dagegen war nur einmal die Woche erlaubt und das am Samstag, wenn sowieso die Meisten von uns zu Hause waren.

Wenn ich vorher bei meinen Eltern mit einer Vier in Mathe nach Hause gekommen war, dann wurde zur Strafe so lange gerechnet, bis ich alles richtig hatte. Dann war wieder Ruhe – bis zur nächsten Note. Das funktionierte nun nicht mehr so. Von nun an musste ich jeden Tag lernen, ganz egal, ob gerade eine Schulaufgabe anstand oder Notenschluss war.

In meinem ersten Jahr waren es über vierzig Buben, für die sich Pater Robert und die Fröhlich alleine verantwortlich zeigten. Als ich 1990 dorthin kam, war Pater Robert bereits seit über 16 Jahren Direktor. Wir nannten ihn einfach nur den „Kecker". Angeblich wurde ihm der Spitznamen verliehen, weil man ihm einmal heimlich Abführmittel in den Tee verabreicht hatte und aus dem „Kacker" wurde irgendwann der „Kecker". Die Fröhlich wusste, dass wir ihn so nannten und bekam jedes Mal einen sofortigen Schreianfall, wenn sie uns so reden hörte.

Der Kecker war ein kleiner, schmächtiger Mann, dessen Kopf immer erst hochrot anlief, bevor er explodierte. Während er also erst einmal vorglühte, hatte man noch genügend Zeit, um schnell das Weite zu suchen, bevor der Kessel hochging. Bis dahin hatte jeder von uns mindestens einmal die leidvolle Erfahrung hinter sich, was passiert, wenn man zu lange wartet. Irgendwie mochte ich diesen Mann. Er hielt schöne Predigten und gab sich Mühe, ein frommes Leben zu führen. Er strauchelte dann doch immer wieder, wenn er nach der ersten Rotphase impulsiv ausholte und die Hand heftig niederging, weil Üli auf den Befehl -"Geh auf deinen Platz!"- nicht sofort spurte, sondern mit einem „Moment!" antwortete – Klatsch!

Einmal erwischte er uns Sonntagabend (nachdem wir von zu Hause wieder zurück ins Alo mussten) nachts beim Turnen im Schlafsaal. Wir rannten alle ins Bett, kicherten in unser Kopfkissen und Mark streckte ihm die Hand entgegen.

„Grüß Gott, Pater Robert", sagte Mark, da er ihn seit seiner Rückkehr noch nicht gesehen hatte.

Der Schlag ging irgendwo ins Gesicht und Mark, der sonst nicht wehleidig war, fing fürchterlich zu weinen an. Am nächsten Tag wurde Mark von seinen Eltern abgeholt. Seine Zeit im Internat war damit vorbei.

Es kursierte immer das Gerücht, dass unsere Eltern unterschreiben mussten, dass *gelegentliche körperliche Züchtigung* erlaubt sei und nur Einige hätten sich geweigert, darunter eben Marks Eltern. Ich traute mich nie, zu Hause danach zu fragen. Ich hatte Angst vor der Wahrheit und befürchtete gleichzeitig, dass meine Eltern mich ohnehin anlügen würden.

Wenn Pater Robert noch der „Nette" war, weil er sich ja meistens entschuldigt hatte, wenn ihm die Hand ausrutschte, dann war die Fröhlich das wahrhaft Böse. Von uns wurde sie aufgrund ihrer abstrusen Frisur nur „Turbanhexe" genannt. Sie fing in den Siebzigern dort als Sekretärin an und wurde dann auf seltsamen, undefinierbaren Wegen zur Erzieherin befördert. Wie genau das ablief, hat keiner von uns jemals wirklich herausgefunden. Wenn man sie darauf ansprach, dann antwortete sie immer, dass sie eben von Anfang an bei den Schülern sehr beliebt war.

Gertrud Fröhlich war nicht irgendeine Person, sie stand für ein ganzes System. Sie war die Verkörperung der Schwarzen Pädagogik. Gertrud Fröhlich war der Teufel, der uns das Leben dort so unerträglich machte. Gegenworte wurden von ihr sofort niedergeschrien und sämtliche Urteile ohne weitere Anhörung der Beschuldigten gefällt. Ihre Schläge waren wild und mädchenhaft und brachte viele nur zum Lachen, wenn sie versuchte, mit ihren unkoordinierten Ohrfeigen den Kopf zu treffen.

Fischi durfte gleich an seinem ersten Tag erfahren, dass im Alo einiges anders lief, als er es von zu Hause gewöhnt war. Es gab einen Flur, in dem Waschbecken an Waschbecken aneinandergereiht war. Fischi war in meinem Alter, als er sich am ersten Abend wie selbstverständlich vor dem Waschbecken komplett auszog und mit einem Waschlappen einseifte. Die Fröhlich fing sofort das Brüllen an und beschimpfte ihn als widerliches Ferkel und wie man so scham- und gottlos sein kann, während sie auf ihn eindrosch. Damit war er unangefochtener Rekordhalter, der bereits nach drei Stunden die ersten Schläge bekam. Fischi blieb noch acht Jahre im Alo, bis er mit einem ebenso lauten Knall wieder ging.

Die Fröhlich baute innerhalb der Klostermauern ihr eigenes totalitäres System auf, missbrauchte die Jüngeren als Spitzel, öffnete heimlich unsere privaten Briefe und klebte sie völlig oberflächlich wieder mit Tesafilm zu. So wussten wir immer, dass die Alte jedes Wort mitlas. Für sie war Schwulsein eine ekelhafte Krankheit, sie war Rassistin und gab sich selbst als fromme Nonne, auch wenn sie nicht so gekleidet war. Sie beschimpfte uns als „Mistkäfer" und „Hunde". Wenn sich jemand gegen unberechtigte Vorwürfe verteidigen wollte, kritisierte sie sein „scheinheiliges Getue" und drohte damit den Eltern alles zu erzählen und da könnte sie ja so Einiges berichten, da würde denen aber Augen und Ohren aufgehen. Sie bestand selbst mit ihren über sechzig Jahren noch darauf, als „Fräulein" angesprochen zu werden. Sie war stolz darauf und rühmte sich damit noch unverheiratet zu sein, da sie ja ihr ganzes Leben Gott und den Buben gewidmet habe. Keiner von uns war dankbar dafür. Es war uns auch völlig klar, dass diese Frau kein Mann haben wollte. In der Kirche sang sie immer besonders laut, um zu beweisen, wie gläubig sie doch sei und ihre Selbstüberschätzung gipfelte in Sätzen, dass sie uns ja alle einmal im Himmel wieder sehen möchte, wenn wir uns nur anstrengten. Schon damals habe ich mir gewünscht, dass sie zum Kohleschaufeln verdonnert wird und ihr dabei Freddy Mercury Anweisungen gibt – aber den wünsche ich mir nicht in die Hölle.

Da war der Sushi, ein Halb-Philippiner, der von uns allen sehr gemocht wurde. Ein wirklich lustiger, sympathischer Typ, der ein „Minus" nach dem anderen kassierte und zum Spülen verdonnert wurde. Teilweise nur, weil er im Studiersaal jemanden angelächelt hat. Es war so offensichtlich, weshalb sie Sushi nicht mochten.

Da war der Joey, unser Fußballgott und Deutsch-Kenianer. Joey war der absolute Mädchenschwarm und wurde von uns immer als Erster in die Mannschaft gewählt. Das Problem bei Joey war: Er hielt furchtbar gerne Mittagsschlaf, schlich sich immer heimlich nach dem Mittagessen in den Schlafsaal (was verboten war) und verpennte dann die Studierzeit ab 15 Uhr. Für Gertrud Fröhlich der willkommene Anlass, ihn immer nur als „faulen Kerl" zu bezeichnen, vor ihm wilde Grimassen zu schneiden und sich darüber auszulassen, wie sehr sie das immer aufregt, wenn er so gelangweilt durch die Gegend hatscht. Joey wurde von ihr nur noch mit verächtlichen Kommentaren belegt und angewidert angeschaut. Keine Ahnung, wie oft ich mit Joey und Sushi in der Küche stand und Abtrocknen musste, aber deren Vergehen im Vergleich zu meinen Streichen waren lächerlich.

Camillo hat sich eine freie Matratze erobert und wälzt sich darin. Eigentlich müsste ich ihn jetzt auch zusammen scheißen, dass er dort nicht schlafen darf.

Dieser unausgesprochene Rassismus war etwas, was mich noch heute auf die Palme bringt. Wenn heute Menschen auf ihr Äußerliches oder auf ihre Herkunft reduziert werden, dann kommt in mir die gleiche Wut hoch, die ich damals hatte, als Joey verschlafen in den Studiersaal „hatschte". Es ist so unfassbar gemein, so armselig und unfair, jemanden so zu reduzieren. Die Fröhlichs von heute äußern sich abfällig über Geflüchtete in angeblicher Markenkleidung mit ihren dicken Handys. Es ist das gleiche System. Der Charakter, die Seele, der Mensch an sich, das alles wird ausgeblendet. Man nimmt ihr Äußeres, sogar ihr Geschlecht als Begründung, um sie fertig zu machen. Da kommen also nur junge Männer in Adidas-Hosen und Lacoste-Shirts mit ihrem Galaxy S9 über das Mittelmeer zu uns und nehmen uns die Frauen weg. Von mir aus können die Nadelstreifenanzug tragen, Bruno-Banani-Handtaschen haben und alles Transvestiten sein - wer sich in so eine Nussschale setzt und sein Leben riskiert, der muss entweder komplett verrückt oder eben furchtbar verzweifelt sein. Vor solchen Menschen habe ich Respekt. Wer so viel Energie aufbringt und Bürgerkrieg, Folter, Rassismus und Vertreibung hinter sich lässt, der wird sich anschließend nicht einfach aufs Sofa setzen, den Fernseher einschalten und seine selbstgedrehten Kippen vom Sozialstaat bezahlen lassen. Was für ein absurder Gedanke! Wer so eine Qual hinter sich hat, der will anschließend doch erst recht etwas aus seinem Leben machen!

Ich erinnere mich an ein syrisches Ehepaar, die sich nach einem Konzert mit mir unterhalten haben. Sie haben sich bedankt und gesagt, dass sie seit langer Zeit einmal wieder lachen konnten und wir kamen ins Gespräch. Sie war Lehrerin, ihr Mann arbeitete als Buchhalter. Sie erzählten mir, wie auf dem Markt vor ihrer Schule eine Bombe hochging. Sie überlebten nur, weil sie beide in diesem Moment gerade die andere Richtung um das Schulgebäude eingeschlagen haben, um die Menschenmenge auf dem Markt zu umgehen. Die Explosion hörten sie, als sie gerade auf der Rückseite des Hauses waren. Als sie wieder um die Ecke bogen, war vom Markt nichts mehr übrig. Die Schüler, die sie vor ein paar Sekunden noch verabschiedet haben, lagen nur noch in Teilen vor ihnen. Sie erzählte das völlig nüchtern und sachlich. Es war eine Bombe, wie sie jeden Tag irgendwo in Syrien hochging. Die Ehefrau zeigte mir Fotos vom zerstörten Schulgebäude und von ihrem Haus, wie sie es zuletzt verließen, den Haustürschlüssel hat sie immer in ihrer Handtasche. Einen Tag später machten sie sich auf den Weg. Über ihre Flucht haben sie nur wenig gesagt. Sie wollte darüber nicht reden und starrte nur auf den Boden, während ihr Mann schnell sagte, dass sie nun seit fast einem halben Jahr in Deutschland sind. Seine Frau lernte schnell Deutsch, sie war gut in Sprachen und begann in der Unterkunft ehrenamtlich anderen Geflüchteten Deutschunterricht zu geben. Ihr Mann hingegen bekam keine Arbeitserlaubnis. Sein sachlicher Tonfall wurde zunehmend von seinen Emotionen verdrängt. Es war unerträglich für ihn. Nach all den Strapazen, nach allem, was sie hinter sich ließen, stranden sie nun in einer Unterkunft und haben täglich vor Augen, was man alles aus seinem Leben machen kann, wenn man nur darf. Aber er konnte einfach nur dasitzen und warten, weil ihm ein Stück Papier fehlt, das ihm erlaubt, endlich wieder arbeiten zu dürfen.

Ich war beeindruckt von seiner Energie und seinem Ehrgeiz. Gleichzeitig fand ich es unglaublich beschämend, wie man in Deutschland solche Menschen ausbremst.

Es ist mittlerweile stockdunkel. Camillo schnarcht. Ich nutze die Regenpause und gehe zum Waschhaus. Es gibt nur einen einzigen Duschraum und der ist besetzt. Ich höre, wie jemand mit einem Abzieher den Boden trocknet. Eine Minute später öffnet eine schmale, etwa fünfzigjährige Frau mit offenen, langen, grauen Haaren die Tür. Sie tritt heraus und wünscht mir auf Englisch einen guten Abend. Ein weiblicher Gandalf, denke ich mir. Der Abzieher am langen Stock in ihrer Hand unterstützt diesen Eindruck noch. Dicke Schwaden Wasserdampf bahnen sich ihren Weg um ihr beiges Kleid nach außen und hinterlassen den Geschmack von Shampoo auf meiner Zunge. Erst auf den zweiten Blick erkenne ich, dass ihr Kleid ein langer Bademantel ist. Gandalfine stellt den Abzieher auf die Seite, zündet sich eine Zigarette an und verschwindet in der Dunkelheit. Mir fällt auf, dass sie kein Handtuch dabei hatte. Erst dann bemerke ich, dass ich sie vollkommen irritiert und stumm angeglotzt habe, als hätte ich einen Geist gesehen. Obwohl es etwas modrig riecht, ist die Dusche überraschend sauber, was man von meinem Sportdress nicht behaupten kann. Eine Nacht im Wald und das Spritzwasser vom Asphalt haben ihre Spuren an der Kleidung hinterlassen und malen braune Muster auf den gefliesten Boden. Ich fühle mich lebendig. In meiner Hütte lege ich alles zum Trocknen auf die Heizung. Camillo atmet laut aus, ohne mich eines Blickes zu würdigen, als wollte er mich fragen, wann ich endlich Ruhe gebe. Im Gegensatz zur Dusche sieht die Bettwäsche und die Matratze nicht sehr sauber aus. Kurz überlege ich, Gandalfine zu fragen, ob sie nicht hier auch noch schnell durchwischen möchte. Ich schaffe es noch, mich in meinen Schlafsack einzupacken, dann schlafe ich ein, bevor ich die Tischlampe ausschalten kann.

Bis zum Nordkap sind es noch 2530 Kilometer.

Gandalfine kommt aus München und spricht einen derben, oberbayerischen Dialekt.

Wieder stand ich mit offenen Mund da, als sie plötzlich hinter einer Hecke hervorkommt und Camillo lobt, was er doch für ein „Gescheidhaferl" sei. Wir waren gerade dabei, alle seine Tricks einmal durchzuspielen: Rolle, rückwärts laufen, laut bellen, leise bellen, Verbeugung, „Yoga" (dabei verknotet er sich halb auf dem Boden liegend), gähnen und niesen.

Gandalfine hält eine dampfende Tasse Tee in der Hand und erzählt mir, dass sie jedes Jahr hier Urlaub macht und Lars, den Hotdog-Verkäufer, schon als kleines Kind kennt. Während sie erzählt, schaue ich mich fragend um. Wieso macht man an so einer Stelle jedes Jahr Urlaub? Der Campingplatz ist direkt an einer vielbefahrenen Bundesstraße gelegen, die auf Langeland führt. Die Hotdog-Bude macht keinen wirklich stabilen Eindruck, dahinter türmt sich ein Berg mit Gerümpel auf. Ein kleines Sportboot modert mitten auf der Wiese vor sich hin, über den Heckmotor ist eine blitzsaubere Plane gezogen, so dass man nur die rostige Schraube darunter sieht. Neben meiner Campinghütte stehen noch zwei weitere Kabinen, die einigermaßen gepflegt aussehen. Ein kleiner Seat Ibiza mit Münchner Kennzeichen steht neben einem noch kleineren Wohnwagen mit Moosflecken. Arme, alte, verwirrte Frau. Kommt vermutlich jedes Jahr hierher, in der Hoffnung irgendwann einmal bei ihrem Lars zu landen, den sie offensichtlich so toll findet, dass sie jeden Sommer hier auf diese Müllhalde verbringt.

Ich frage sie, wo denn Lars sei, denn ich möchte bald auschecken. Gandalfine vermutet, dass er noch kurz nach seiner Frau schaut. Ich sage nichts. Lars`Frau sei seit Jahren schwer krank, bei ihrem Mann wäre es genau so gewesen, erzählt sie. Sie bläst an ihrem Tee. „Früher war`s schee hier, als noch net` so viele Autos gefahren sind."

Sie strengt sich an hochdeutsch zu reden, aber ihr Dialekt ist stärker. Ich sage weiterhin nichts. Sie grinst. „Kann man sich goar` nicht vorstellen, wenn man heier`die goanzen Autos sieht, goill?"

Ich nicke und sie erzählt weiter. Die Kinder konnten in den Feldern spielen, es war nicht weit bis zum Meer und ihr Mann ist ganz in der Nähe aufgewachsen. Sie schaut auf die Felder. „Jetzt liegt er da und hat hoffentlich seinen Frieden."

Einmal im Jahr bringt sie ihm Blumen. Je mehr sie erzählt, desto mehr schäme ich mich für das, was ich vorher über sie gedacht habe. Manchmal muss man den Menschen einfach nur zuhören, dann ergibt alles plötzlich einen Sinn. Sie bricht in ihrer Erzählung ab und entschuldigt sich.

„Du schaust aus, als müsstest`heut`noch a`gscheide`Strecke foahrn`!"

Bevor ich sie beschwichtigen kann, dreht sie sich schon um und geht zum angrenzenden Wohngebäude, um nach Lars zu schauen. Ein paar Sekunden später kommt er auch schon heraus, lächelt und fragt, ob Camillo einen Hotdog möchte. Ich nicke freundlich. Er wischt sich eine Träne aus den Augen und läuft stumm an mir vorbei zur Rezeption.

Eine Stunde später sitze ich wieder auf dem Rad und wir fahren über die Brücke auf Langeland. Camillo sitzt rülpsend im

Hänger und schleckt sich über das Maul. So hat also jeder etwas von Lars und Gandalfine mitgenommen.

Das Wetter wird zunehmend besser und ich muss immer wieder lächeln, wenn der Duft meines frisch gewaschenen Trikots meine Nase streift. Ich fahre an einem Fußballplatz vorbei, wo die Kinder offensichtlich beschlossen haben, den Ball im Tor liegen zu lassen und Fangschuss zu spielen. Vielleicht haben sie ja auch eine neue Regel aufgestellt: Wer ein Tor schießt, muss sich anschließend von den Mitspielern fangen lassen. Bevor ich den Gedanken zu Ende spinnen kann, folgt wieder ein großes Weizenfeld, dass die Schreie der Kinder verschluckt.

Joey war echt gut im Fußball. Schade, dass sich unsere Wege nach dem Alo so schnell getrennt haben. Ich weiß noch, dass er Sushi ständig in der Abwehr umdribbelte, während der nur schimpfte und versuchte Joey damit zum Lachen zu bringen, damit er keine Luft zum Weiterlaufen hatte. Manchmal ist es ihm tatsächlich gelungen. Sushi und Joey waren friedlich, nett und beliebt. Für Gewalt und Schlägereien waren andere verantwortlich.

Da war der Hardi, der mit seiner Hyperaktivität jeden auf die Palme brachte. Beim Fußballspielen senste er in der Abwehr jeden einfach nur um und dank seiner Statur konnte man als Gleichaltriger nur hoffen, dass er einen nicht nieder rang. Auch beim Kecker und der Fröhlich war Hardi nicht sonderlich beliebt, da er ständig nur vom Stuhl fiel und für Unruhe sorgte. Gertrud Fröhlich hatte Respekt vor seiner Statur und hielt immer ein wenig Sicherheitsabstand. Stattdessen befahl sie den Großen, sich den Hardi einmal vorzuknöpfen, damit er sich ein wenig unterordnete. Hardi wurde zum Schlafsaal der Großen gelockt, kurzerhand hineingezogen und durchgeprügelt. Jahrelang wurde davon erzählt und die Älteren feierten sich und die Fröhlich über diesen ausgestellten Blankoscheck der Gewalt.

Die meisten der Großen standen mit der Fröhlich auf Kriegsfuß. Es war ein kalter Krieg, was auch daran lag, dass sie uns immer die Heizung im Schlafsaal abdrehte. Ich weiß noch, dass wir an einem Januarmorgen zwölf Grad gemessen haben. Die Alte prüfte bei ihren allabendlichen Rundgang immer noch einmal, ob die Heizkörper auch wirklich kalt waren, bevor sie in den gegenüberliegenden Gebäudeflügel ging, wo ihre eigenen Zimmer lagen. Wir konnten durch die Fenster des Schlafsaals immer genau erkennen, wann sie in ihr Bad ging. Durch das Milchglas sahen wir eine dunkle Gestalt mit der typischen Knollenfrisur, die sich auf die Toilette setzte. Irgendwann fand ich heraus, welchen Sicherungsschalter ich drücken müsste, um ihr das Licht abzudrehen. Nach einiger Zeit hatten wir ein gut funktionierendes System ausgearbeitet, dass es der Alten unmöglich machte, etwas dagegen zu unternehmen. Der Sicherungskasten lag im Hauptgang der mittleren Etage und im total Winkel zum Bad der Alten. Ich konnte aus diesem Winkel zwar nicht das Zimmer der Fröhlich sehen, allerdings unseren Schlafsaal, wo mir Anderl immer genau dann ein Zeichen gab, wenn sie sich auf die Schüssel setzte. Ich ließ die Sicherung heraus schnalzen, gluckste vor Freude und sprintete los. Zurück zu unserem Flügel, eine Etage höher und rein ins Bett. Ein paar Minuten später hörte man ihren Schlüsselbund im Flur klappern, dann ging die Schlafzimmertür auf. Das Licht war schon aus und wir stellten uns schlafend. Man spürte förmlich, wie es in ihr kochte und der Raum wurde gleich drei Grad wärmer. Ich zog das über mehrere Monate durch, dann änderte sie die Zeiten ihrer Toilettengänge.

Pater Robert begründete das Abschalten der Heizung immer damit, dass der Mensch im Schlaf Kälte braucht. Wenn es zu warm ist, dann ist das Hirn noch zu aktiv, denkt die ganze Zeit und dann wird man nicht müde. Außerdem ist man am morgen umso schneller agil und tüchtig, weil man sich durch körperliche Bewegung aufwärmen muss, was den Kreislauf ankurbelt.

Was. Für. Ein. Scheiß.

Wir haben dann für die Heizung unser eigenes Werkzeug besorgt und sie wieder heimlich mit einem Schlüssel aufgedreht. Zwar wollte er dann jeden Morgen wissen, wer denn so unverschämt gewesen sei und die Heizung wieder hochgedreht habe, aber er starrte nur in schlafende Gesichter oder man lachte heimlich in sein Kopfkissen. Zumindest schien seine Theorie nun sehr gut bei ihm zu funktionieren, denn Pater Robert rannte bereits wutentbrannt am Morgen mit seinem glühenden Schädel durch die Säle.

Die Fröhlich versuchte immer durch Bestechung an Informationen zu gelangen. Bei den Kleinen ging das anfangs immer ganz gut. Sie überschüttete ihre Lieblinge mit Süßigkeiten und übte Nachsicht, wenn sie schwätzten. Während sie Joey und Sushi sofort zusammenbrüllte, sobald diese nur Blickkontakt mit ihren Pultnachbarn suchten, erfand sie für ihre Favoriten Spitznamen und gab sich großzügig und gnädig, wenn ihre „kleinen Strolche" heimlich einen Zettel in der Studierzeit wandern ließen. Mit Genuss ließ sie ihn sich geben, kicherte ausgelassen und schnalzte anschließend mit der Zunge, nachdem sie alles durchgelesen hatte. Wenn dann einer der Kleinen fragte, was denn drinsteht, lehnte sie sich feierlich in ihrem Stuhl zurück und verweigerte eine Aussage mit dem Hinweis auf das Briefgeheimnis.

Einmal ließ sich der Peter absichtlich erwischen. Peter war Nazi, der unter seiner Bomberjacke heimlich ein Störkraft-T-Shirt trug. Da er sich aber keine Glatze rasieren ließ, gab es noch keinen eindeutigen Grund ihn rauszuwerfen, es blieb für Fröhlich und Pater Robert nur eine Vermutung, dass er ein Nazi sein *könnte*. Nur eine Glatze wäre für sie der eindeutige Beweis gewesen.

Nach dem Gebet zu Beginn der Studierzeit stürmten die ganzen Schleimer nach vorne an das Pult von Pater Robert und der Fröhlich und eiferten darum, wer zuerst seine gute Note vom Vormittag sagen durfte. Sorgsam trug die Alte alles in ihr blaues Büchlein ein. Der Peter warf den zusammengeknüllten Zettel derart auffällig durch den Saal, dass er fast vor ihre Nase fiel. Sofort sprang die Fröhlich auf und fiel wie ein Habicht über das Papier her. Sie setzte sich zurück auf den Stuhl und faltete genüsslich den Brief auf, umringt von den ganzen Fünftklässlern. Im Gegensatz zu Pater Robert wurde sie immer erst blass und dann vollkommen ruhig, wenn etwas über das normale Maß der Empörung hinaus ging. Ihre Gesichtszüge erstarrten, die Kleinen dagegen hielten belustigt mit aufgerissenen Augen die Hand vor den Mund. Mit kühler Stimme und völlig emotionslos verkündete sie, dass der Peter zwei Wochen Spüldienst bekommt. Dann zerriss sie langsam den Zettel in winzig kleine Schnipsel, aber es war zu spät. Es wusste bereits jeder, dass auf dem Zettel *„Heute nacht*

41

schneide ich dir die Knolle ab!" stand. Der Peter versuchte sich noch rauszureden, dass das ja für den Sushi bestimmt sei, was ihm aber nur noch eine zusätzliche weitere Woche Spüldienst einbrachte.

Ich folge dem Hinweisschild zur Fähre. Auf den Kreuzfahrtschiffen gab es ähnlich strenge Regeln wie im Alo. Man musste auf das Hören, was der Kapitän sagte. Wer ihn in Frage stellte, musste sofort das Schiff verlassen.

Es war ein seltsamer Weg, um aus dem Alo zu fliegen. So lange man nicht ganz offensichtlich etwas „anstellte", kam man mit ziemlich vielen Sachen durch. Ein bekennender Rechter zu sein, war jedenfalls kein Grund, ihn rauszuwerfen. Peter trug Springerstiefel und hatte sich eine Hitlerfrisur zugelegt und sein pubertärer Flaum deutete das dazugehörige Bärtchen an. Im Schulbus drehte er seinen Walkman immer so laut auf, dass man noch drei Reihen weiter alles mit anhören musste und auch schon damals hatten Nazis einen unfassbar schlechten Musikgeschmack. Waren die „Böhsen Onkelz" noch einigermaßen melodiös, so war der Rest nur noch Geschrammel. Aber er „tat" nichts. Er starrte Sushi und Joey nur an, er redete mit niemandem über seine politische Einstellung, ließ sich auf keine Schlägereien ein und damit war für Kecker und Fröhlich alles in Ordnung. Kam man aber mit einer Glatze vom Friseur zurück, musste man sofort seine Sachen packen.
Fischi hatte sich am letzten Schultag vor den Sommerferien eine Glatze rasieren lassen. Als er mit seinem wie immer guten Zeugnis ins Büro kam, fiel der Fröhlich alles aus dem Ge-

sicht, während Pater Robert im Hintergrund fleißig kopierte. Sie stammelte und war ehrlich entsetzt: „Von dir hätten wir das am wenigsten erwartet!", sagte sie.

Fischi beruhigte sie und betonte, dass er kein Nazi sei, sondern das aufgrund seiner Spiritualität mache. Er sei jetzt Buddhist. Die Fröhlich verschluckte sich kurz am eigenen Speichel, hustete und riss die Augen auf. Das passierte ihr immer, wenn ihr der Teufel persönlich gegenüber stand. Dann fing sie an zu schreien. Was das für eine Hundsgemeinheit sei, am letzten Tag hierher zu kommen und so hinterhältig aufzutreten. Fischi blieb ruhig und nahm dabei einen Tonfall an, als würde man ein Kind beruhigen wollen. „Jetzt beruhigen sie sich doch bitte, Fräulein Fröhlich! Ich bin kein Nazi. Ich habe nur den Weg zum wahren Glauben gefunden und die Haare sind überflüssig, um wahre Spiritualität zu fühlen."

Sie unterbrach ihn schon beim „wahren Glauben" und schrie ihn aus dem Büro. Zum Glück habe er sich ja schon abgemeldet, sonst wäre er spätestens jetzt geflogen, so eine braune Brut wollen sie hier nicht haben. Sie regte sich noch ein wenig auf, während wir im Büro brav vor dem Kopierer standen, um Pater Robert unsere Zeugnisse zu überreichen. Es war uns völlig klar, was da gerade abging. Der Alte war ein Nazi lieber, als zugeben zu müssen, dass innerhalb der Mauern ein Katholik zum Buddhismus konvertierte. Pater Robert versuchte den Aufstand zu ignorieren. Stattdessen stand er schon eine ganze Minute schweigend vor Ülis Zeugnis und war in seinem eigenen Tunnel des Entsetzens. Irgendwann sagte er schließlich völlig emotionslos zu Üli, ohne die Augen vom Papier zu heben: „Das ist das schlimmste Zeugnis, das ich jemals gelesen habe." Ülis Noten waren eigentlich ganz okay.

Was Pater Robert so entsetzte, war der Kommentar des Klassenlehrers zu seinem Betragen. Dort stand:
Sein Verhalten war eine Schande für die ganze Klasse.

Langeland ist eine Insel, die tatsächlich lang, aber nicht breit ist. Bevor ich richtig realisiere, dass ich auf der Insel bin, stehe ich schon am Fähranleger nach Tårs. Wahnsinn, wie viele Radfahrer es hier gibt und auf die Fähre warten. Irgendwie habe ich Dänemark die ganze Zeit nur als Transitland angesehen, das man eben passieren muss, wenn man zum Nordkap möchte. Erst in den letzten Tagen wurde mir langsam bewusst, dass es ein Radlerparadies ist. Die Nebenstraßen sind gut ausgebaut, die Landschaft ist abwechslungsreich, die Häuser erinnern an den typischen Skandinavien-Style und auch ein wenig an Legoland, nur dass die Windmühlen nicht aus den Bausteinen sind. Dazu kommt, dass das Wetter heute einfach nur geil ist – seit meinem Start heute morgen hatte ich Sonne und inzwischen haben wir einen wolkenlosen Himmel über uns. Kein Wunder, dass hier so viele Radtouristen mit ihren dicken Taschen stehen.

Neben mir versammelt sich eine deutsche Gruppe Mittfünfziger, teils Paare, teils Einzelkämpfer und es wird gefachsimpelt über angeblich pannenfreie Schwalbe-Reifen und was man als Ersatzteil mitnehmen muss. Ein Senior, der durch sein Alter hervorsticht, lässt gerade ordentlich heraus hängen, wo er schon überall gefahren ist und dass er auf jeden Fall noch ganz Südamerika abradeln will, aber er muss sich beeilen, denn er wird ja auch nicht mehr jünger, höhöhö. Es kommen die typisch beschwichtigenden Antworten der Umstehenden, dass er doch noch top in Form sei, woraufhin der Gelobte eingeübt verlegen antwortet, dass er ja nun auch schon die 70er-Schallmauer durchbrochen habe. Nun geben alle überraschte U- und O-Vokale von sich und dass man das ja überhaupt nicht sieht, geschweige denn gedacht habe. Solche Autopilot-Gespräche waren mir schon immer zutiefst zuwider. Lieber den Mund halten, anstatt nur abgedroschene Floskeln von sich geben. Immer wieder werfen sie mir einen neugierigen, verstohlenen Blick zu und mustern mein Gespann. Ich bin für sie nur schwer einzuordnen. Kein Wunder, denn die Kombination ist schon paradox. Mein Rennrad ist zwar keines der oberen Preisklasse, aber mit seinem Triathlon-Lenker, den Klickpedalen und den Aero-Felgen macht es einen schnellen und professionellen Eindruck. Der Hänger hingegen ist ein vollkommen gewöhnlicher Kinderanhänger mit Profilreifen, leicht angerosteter Anhängerkupplung und das Verdeck hat schon Einiges abbekommen, so dass an den Ecken Löcher sind und sich kleine Fetzen lösen. Camillo rundet dieses Bild noch passend dazu ab, denn bei der letzten Pinkelpause musste er unbedingt noch ein Maulwurfloch erkunden und sitzt nun hechelnd mit einer völlig verdreckten Nase auf der Isomatte und versucht immer wieder Fliegen zu fangen, die sich seiner Schnauze nähern.

Während der Überfahrt nach Langeland nehme ich mein zweites Frühstück ein und nutze das WLAN. Inzwischen habe ich die ersten Beiträge auf meiner Facebook-Seite hochgeladen und eine Story auf Facebook erstellt. Irgendwie ist es mir peinlich. Am liebsten würde ich es lassen. Ich stehe gerne auf der Bühne, aber diese Selbstdarstellung meines Alltags behagt mir gar nicht.

„Das gehört inzwischen dazu!", sagen die Kollegen immer. Das stimmt, irgendwie möchten die Zuschauer und Fans wissen, was man neben den Auftritten so treibt. Das heißt aber auch, dass ich hier gerade meinen Privaturlaub als Arbeit verkaufe. Am liebsten würde ich es lassen und einfach nur fahren. Aber dann kommt die Angst wieder, dass sich in einem Monat keiner mehr für einen interessiert und die ersten Auftritte „wegen Krankheit" abgesagt werden müssen, was so viel heißt, dass keine Karten verkauft wurden. In den letzten Jahren war meistens der September scheiße, weil ich im August einfach keine Lust hatte, ständig irgendetwas zu posten, zu schreiben und Fotos von meinem Urlaub hochzuladen. Aber bist du einmal vier Wochen still, dann bist du für die Leute schon nicht mehr präsent. Wer nicht ständig online ist, der ist tot. Nach der Sommerpause habe ich damit wieder angefangen und dann war es schon zu spät, auf die ersten Termine hinzuweisen. Ab Oktober lief es dann wieder, weil ich wieder online war und meine Leser wieder ein Vertrauensverhältnis zu mir aufgebaut haben. So zumindest meine Theorie. Vielleicht hat aber auch im September einfach keiner Bock, schon ins Theater zu gehen. Im Oktober wird das Wetter schlechter, da orientiert man sich wieder nach drinnen. Außer in München. Da ist nämlich Oktoberfest. Zur Wiesnzeit kannst du es vergessen, irgendwo erfolgreich dein Solo zu spielen. Was musste ich dafür schon bluten, weil ich zur falschen Zeit Termine ausgemacht habe! Januar-Auftritte muss man bereits zwei Monate vorher schon intensiv bewerben, damit die Leute die Karten als Weihnachtsgeschenk kaufen, denn im Januar selbst kauft keiner etwas, da werden alle Versicherungen bezahlt und nach den Feiertagen und den

Ferien wird erst einmal wieder gespart. Für Mai bis Juli musst du dich im Februar rechtzeitig um die gut bezahlten Open-Air Termine bemühen, sonst findest du dich später auf einem Festival-Gelände in Bad Kissingen vor zwanzig besoffenen Land-Teenagern wieder, die quer über den Platz grölen, es fünfzig Euro Gage gibt und den kostenlosen Hinweis, dass man es als gute Werbung betrachten soll und sie ja Mario Barth total witzig finden. Diese Arschlöcher. Nie wieder Bad Kissingen. Alle zwei Jahre ist eine Fußball-EM oder -WM, zu diesem Zeitpunkt darfst du nur Gigs mit Festgage ausmachen, denn es interessieren sich ohnehin alle nur noch für den Spielplan anstatt für den Kulturkalender. Eigentlich bleiben verdammt wenige Monate, in denen man als mittelmäßig bekannter Kabarettist überhaupt auftreten kann.

Die Luke öffnet sich und die Fähre spuckt circa einhundert Radfahrer aus. Ich setze mich im Massenstart wieder nach vorne ab und gebe Vollgas. Die ersten zehn Kilometer drücke ich ordentlich durch und irgendwann befinde ich mich alleine auf einer Seitenstraße, umgeben von Weizenfeldern und einer kleinen Windmühle. Wie sehr ich es schätze und genieße, alleine sein zu dürfen.

Zu keinem Zeitpunkt gab es Privatsphäre. Wenn wir heute darüber reden, müssen wir lachen und gleichzeitig den Kopf schütteln. Es waren alles nur Säle. Es war die absolute Kontrolle. Fischi hat mir erzählt, dass er immer noch das Bedürfnis hat, alleine zu sein und er es als etwas Besonderes empfindet, einen Raum ganz für sich alleine zu habe. Selbst mit Frau und Kindern im Urlaub muss er sich immer wieder für ein paar Stunden entfernen. Seine Frau versteht ihn und akzeptiert es.

Irgendwie haben wir fast alle einen Schaden davon getragen. Ob ich ohne Internat das geworden wäre, was ich jetzt bin? Ein Comedian, der auf einem Rennrad seinen Hund zum Nordkap zieht... wie bekloppt ist das eigentlich? Warum bin ich nicht einfach Lehrer geworden? Dann würde ich jetzt in einem Liegestuhl am Hotelpool in der Zeitung blättern, auf das „Kuck mal, Papa!" meiner Kinder reagieren, den präsentierten Sprung vom Ein-Meter-Brett als „Toll!" absegnen und dann weiter blättern. Ich würde die Liegenreservierer verurteilen, mich dafür schämen, dass es immer die Deutschen sind und meiner Frau zuliebe am angebotenen Salsa-Tanzkurs für Einsteiger am Abend teilnehmen, während die Kids bei den Animateuren zur „Gruselnacht" geparkt werden. „Peng!" Ein Stein knallt laut gegen den Rahmen meines Bikes. Nichts passiert.

Die Gespräche über die Zeit im Alo drehen sich immer um die gleiche Thematik. Wie verlogen alles war und wie immer versucht wurde, den Schein eines abenteuerlichen Internatslebens aufrecht zu erhalten. Seinen Höhepunkt fand das alljährlich im Dezember. Jedes Jahr kam der Nikolaus ins Alo. Dafür wurde bereits zwei Wochen vorher die Turnhalle verschlossen und die Großen bauten, sägten und hämmerten. Fast jedes Jahr hat es tatsächlich geklappt, dass keiner der Kleinen wusste, mit welchem Gefährt der Nikolaus diesmal kommt. Ich versuche mich daran zu erinnern, mit was der Nikolaus alles einfuhr. Im ersten Jahr war es die Ankunft mit dem Transrapid, einmal kam er durch den Eurotunnel gelaufen und legendär war der missglückte Einparkversuch im angemalten E-Auto, bei dem der Nikolaus mit einem elektrischen Rollstuhl die komplette Requisite umgehauen hat. Wir durften nicht laut lachen, denn es war ja ein Missgeschick und wir wären sonst aus der Halle geflogen, was zu einem solchen Anlass die Höchststrafe gewesen wäre. Als Zuschauer waren nur wir Schüler erlaubt, Küchenhilfen und die übrigen Patres und Brüder, die mit im Kloster lebten. Wer von den Ehemaligen kommen durfte und wer nicht, habe ich nie wirklich verstanden. Einige haben vorher angerufen und sich angemeldet, einige kamen spontan und die Fröhlich entschied auch hier wie bei ihrer Süßigkeitenverteilung, wer zuschauen durfte und wer wieder gehen musste. Ich kann mich an eine vehemente Diskussion erinnern, als der Lutz mit seiner hübschen Freundin im Audi 80 ankam. Die Fröhlich versperrte ihm den Eingang zur Turnhalle und forderte ihn eindringlich dazu auf, dass er gehen müsse, es sei hier eine geschlossene Veranstaltung. Sie betonte, dass keine Auswärtigen gewünscht sind, da der Nikolaus ja private, interne Dinge über uns vorliest, die sonst keinen etwas angehen. Während sie diskutierte, begrüßte die Fröhlich parallel dazu immer wieder Ehemalige, die seelenruhig in die Halle strömten und die ich noch nie zuvor gesehen hatte.

Das Procedere war Jahr für Jahr gleich. Einzeln wurden wir nach vorne gerufen und der Nikolaus, flankiert von Pater Robert und zwei Ministranten, las vor, was wir in diesem Jahr alles angestellt hatten. Meist war das wirklich witzig und ich kam immer mit ein paar Ermahnungen davon, auch als ich schon schwer pubertierend auf so etwas gar keinen Bock mehr hatte.

Anders war das bei Bibu. Ich weiß nicht, welche Behinderung oder Krankheit bei ihm eigentlich vorlag, aber dass er etwas anders war als wir, das merkte man schnell. Er redete langsam und tat sich dabei sichtlich schwer, wackelte unkontrolliert mit dem Kopf und auch seine Mimik hatte er nicht ganz unter Kontrolle. Er blinzelte schwerfällig und verzog immer wieder die Mundwinkel. Bibu wog in der zehnten Klasse schon über neunzig Kilo, war über und über behaart, sozial eher ein Außenseiter, aber ein sehr guter Mathematiker. Wenn man ihn reizte, setzte er sich einfach auf einen drauf. Einer der schlimmsten Streiche war es, wenn man einen Mitschüler in Bibus Kleiderschrank zu seinen verschwitzen Sportsachen sperrte und nicht mehr rausließ. Bibu war begeisterter Fußball-Fan. Er konnte sämtliche Fan-Gesänge auswendig und auf tschechisch sagen: „Bitte aussteigen, die Türen schließen, Vorsicht bei der Abfahrt!"

Einmal bekam Bibu Ärger, weil er ständig Fangesänge anstimmte und den Ball an die Decke bolzte, was man im Studiersaal darüber hörte. Es kam zu einem Riesen-Streit mit der Fröhlich, sie brüllten beide durch das ganze Haus und Bibu rannte anschließend durchs Treppenhaus und skandierte: „Scheiß CSU! Scheiß CSU!"

Bibu bekam zwei Wochen Hallenverbot und das mitten im nassen Herbst, was für ihn wie eine Todesstrafe war. Ich sah ihn trotzig draußen auf dem Fußballplatz im Regen stehen. Einsam übte er Elfmeterschießen übte und fischte sich immer wieder den Ball aus dem leeren Tor, um ihn erneut auf den Punkt zu setzen. Seine Sportsachen lagen klatschnass im Waschbecken und Anderl gab jedesmal übertriebene Würggeräusche von sich, wenn er daran vorbei lief.

Bibu kam im Jahr des Turnhallen-Skandals am Nikolausabend nicht so leicht davon. Pater Robert persönlich las laut und herrschaftlich vor, dass Bibu in diesem Jahr besonders für sein ständiges Brüllen aufgefallen sei. Ein junger Mann müsse sich mäßigen, auch wenn die jugendliche Energie in ihm aufwalle. Nach dieser Belehrung ging Pater Robert auf das Thema Hygiene ein und dass Bibu in dieser Hinsicht wohl auch noch einiges lernen müsse und deshalb werde man heute Abend nun zeigen, wie man sich ordentlich pflegt. Bibu wurde auf der Bühne öffentlich rasiert. Anfangs lachten wir noch über das skurrile Bild. Da saß dieser riesige Bär, damals schon siebzehn Jahre alt, zurückgelehnt auf einem Stuhl und ließ diese erniedrigende Prozedur stumm über sich ergehen. Sie seiften ihn mit Rasierschaum ein, während Pater Robert mit dem Rasiermesser Strich für Strich durch sein Gesicht fuhr und dabei amüsiert sagte: „So macht man das."

Wir feierten Bibu anschließend als Helden, weil er trotz Tränen in den Augen nicht losheulte, sondern beim Abgang noch tapfer von der Bühne winkte. Wenn wir die Fröhlich darauf ansprachen, dass das doch etwas fies gewesen sei, bekamen wir als Antwort laut entgegen geschmettert, dass wir mit dem Quatsch aufhören sollten so etwas zu erzählen, das wäre doch nur ein kleiner Spaß gewesen und der Bibu hätte das auch so verstanden. Außerdem sollten wir Mistkäfer es bloß nicht wagen, das groß herum zu erzählen, denn das sei eine interne und diskrete Angelegenheit: „Was beim Nikolausabend passiert, geht keinen etwas an!"

Gesagt hat der Bibu nie etwas dazu, auch nicht, dass das ein Spaß gewesen sei. Nach jeder Veranstaltung konnten wir Fotos vom Nikolausabend nachbestellen, um sie dann unseren Eltern zu zeigen. Von Bibus Aktion gab es keine Fotos. Er wird es trotzdem nie vergessen.

Ich mache ein Selfie für meine Story, wie ich mit Camillo am Feldrand sitze und mir eine Suppe auf meinem Gaskocher zubereite. Fünf Euro hat diese Tütensuppe aus dem Decathlon gekostet und sie schmeckt nach Plastik. Camillo bekommt eine Dose dänisches Hundefutter, das so pervers stinkt, dass man es wohl ihn ganz Dänemark riechen kann. Irgendwie ist das nicht normal, was ich hier mache.

Im Nachhinein betrachtet frage ich mich, warum nicht Jemandem aufgefallen ist, dass wir einige Mitschüler hatten, die dringend einen Psychologen gebraucht hätten und die mit der Situation überhaupt nicht zurecht kamen. Wir hatten immer ein paar "Spinner", bei denen ich erst jetzt verstehe, wie schlimm es für sie im Internat gewesen sein muss. Da gab es den Wömbl der immer wieder zwanghaft auf merkwürdige Weise seine Hände aneinander klatschte und den Harry, der sich ständig so fest am Ohr rieb, dass es quietschte. Wir machten uns einen Spaß daraus, sie deswegen zu mobben, als „Spastis" zu bezeichnen und nachzuäffen. Harry hatte ich so konditioniert, dass man ihn nur noch leicht antippen musste, schon riss er sich das T-Shirt vom Leib, um nachzuschauen, ob nicht irgendwo ein Zettel mit der Aufschrift „Ein Tritt frei!" stand. Was konnte ich damals für ein Arschloch sein. Sie waren uns ausgeliefert, denn es war für die Erzieher einfacher, alles kleinzureden und ein paar "Minusse" zu verteilen, anstatt der wahren Ursache für deren seltsames Verhalten auf den Grund zu gehen.

Unter den Großen gab es Einen, der irgendwann nur noch im prolligen Ghetto-Deutsch redete. Wie hieß der nochmal? Irgendwann legte er sein normales Hochdeutsch komplett ab und sprach nur noch so. Erkan und Stefan sind schuld daran, dass dieser Typ nicht mehr normal reden konnte.

Ich nehme die Isomatte aus dem Hänger, blase mein Kopfkissen auf und lege mich hin. Der Himmel ist immer noch blau. Es ist windstill und es wäre fast komplett leise, würde nicht Camillo direkt neben mir eifrig an der Erweiterung eines neuen Mauselochs arbeiten. Das monotone Buddelgeräusch hat etwas Beruhigendes und ich schließe die Augen.

Es gab zwei Brüder, die nach dem Tod ihrer Mutter ins Alo kamen. Der Jüngere war in den ersten Monaten nur am Schlafwandeln. Ich weiß noch, wie ich ihm belustigt nachgelaufen bin, als er mitten im Schlaf schrie und aus dem Saal rannte. Was haben wir gelacht, als die Fröhlich erzählte, dass er vom dritten Stock bis ins Erdgeschoss gelaufen sei, wo sie ihn im Klo gefunden habe und er sagte, er suche seinen Socken.

Hofi war auch seltsam. Jetzt würde ich ihn als manisch-depressiv bezeichnen, damals wussten wir einfach nur, dass er spinnt. Entweder sprach er tagelang gar nichts oder flippte im nächsten Moment aus. Er schrie dann alles zusammen, zerlegte den ganzen Raum, warf Stühle um sich, kletterte auf das Fensterbrett und drohte zu springen. Wenn wir zur Fröhlich liefen, um ihr zu sagen, dass der Hofi gerade wieder spinnt, seufzte sie nur und sagte in einem kapitulierendem Tonfall: „Einen Evangelischen nehmen wir nicht mehr."

Der Held des Internats war Super-Mario, der später mal Priester werden wollte. Mario hatte in Latein eine Eins und wurde von Pater Robert und der Fröhlich zum „Miterzieher" befördert. Als ich ins Internat kam, hatte Mario noch drei Jahre bis zum Abi und wurde so mit Schnitzeln gemästet, dass er schon damals dringend einen BH brauchte. Bereits im ersten Monat legte er mich als Zehnjähriger flach auf den Tisch und watschte mich ab, weil ich es gewagt habe, meinen Finger durch den Reißverschluss zu stecken und einen Pimmel nachzustellen. Mario war das Idealbild eines künftigen Priesters: Vollkommen unselbstständig, sozial isoliert, nur am Lernen und zudem auch noch weihrauchsüchtig. Während ich Kirchenorgel übte, konnte ich immer wieder beobachten, wie sich Super-Mario in die Sakristei schlich, sein Messdienergewand anzog, das Weihrauchfass schwenkte und dann total eingenebelt und high Gotteslob-Lieder sang. Von Pater Robert und der Fröhlich bekam er eine Duftkerze mit Weihrauch-Öl geschenkt, die er in der Studierzeit auf das Pult stellen konnte. Mit sinnentleertem Blick wedelte er sich dann immer wieder die Dämpfe in die Nase und schien selig.

Ich war noch Schüler, als kurz nach seinem Abitur „Bruder Mario" zu Besuch kam. Er kam nicht im Audi 80, nicht mit Freundin, sondern in brauner Kutte und die Haare auf drei Milimeter rasiert, also nur knapp über Nazi-Alarm. Wir waren gerade alle im Speisesaal, als uns „hoher Besuch" angekündigt wurde. Die Fröhlich zog ihn von Tisch zu Tisch, nannte ihn nur noch „Bruder Mario" und siezte ihn. Brav gab er allen die Hand, trug die gleiche Nickelbrille wie immer, bis er zu unserem Tisch kam. Er hielt kurz inne, dann fuhr er stoisch mit seiner Begrüßung fort und gab zuerst Peter die Hand, den er vor nicht einmal einem halben Jahr noch durch den Schlafsaal jagte, weil der ihn zuvor in die Brustwarze gekniffen hatte und dabei „Titten-Mario!" rief. Er sprach jeden beim Vornamen an, ohne uns dabei in die Augen zu schauen und siezte uns dabei. Wir waren zu verblüfft, um loszulachen und schauten uns anschließend nur kopfschüttelnd und fassungslos an. Bruder Mario durfte noch das anschließende Gebet nach dem Mittagessen sprechen. Wir bekreuzigten uns aufgrund des feierlichen Rahmens diesmal besonders andächtig und wurden immer lauter, so dass wir gegen Ende nur noch brüllten: „Im Namen des Vaters, des Sohnes und DES HEILIGEN GEISTES AAAAMEN!!!"

Dann stürzten wir aus dem Speisesaal Richtung Fußballplatz. Pater Robert stand in solchen Situationen immer nur fassungslos da, während die Fröhlich durchaus merkte, dass wir sie gerade ordentlich verarschten und sie mit ihren eigenen Waffen schlugen. Da unser Tisch aber weit hinten am Ausgang lag, waren wir zu schnell weg, um ihrer habhaft zu werden. Meistens musste dann immer ein Kleiner in ihrer näheren Umgebung daran glauben, den sie sich als Ventil für ihre Wut suchte und zusammen brüllte, weil er so hektisch wegrennen wollte und deshalb jetzt zum Spüldienst bleiben musste. Eigentlich ist Super-Mario die körperliche Mainfestation dieses ganzen kranken Konstrukts, das die Fröhlich und Pater Robert unter dem geschwurbelten Titel „Studienseminar der Marianhiller Missionare Aloysianum" verkauften.

Ich öffne wieder die Augen. Camillo hat sich neben mich gelegt und putzt sein Fell. War das eine beschissene Zeit. Es waren fast sieben Jahre Knast. Wie sehr ich es jetzt umso mehr schätze, dass ich mich frei bewegen kann, wo und wann immer ich will. Ich könnte jetzt einfach bis morgen hier liegen bleiben und keiner kann mir deshalb Vorwürfe machen. Ich könnte am Stück zum Nordkap fahren und die ganze Zeit in Bewegung bleiben und niemand kann mich dazu zwingen, mich für ein paar Stunden an einen Schreibtisch zu setzen. Wann haben diese Träume eigentlich aufgehört, dass ich dort wieder hin muss?

Meine Zeit im Aloysianum war kurz nach der Scheidung vorbei. Mit zehn Jahren schoben sie mich dort ab, mit fast siebzehn Jahren kam ich erst wieder raus. Meine Fresse, ich habe fast die gesamte Pubertät in diesem Bau verbracht! Aber danach wusste ich, was ich wollte. Vor allem, was ich *nicht* mehr wollte. Ich wollte keine Ungerechtigkeit mehr erleben, keine Bigotterie und mich auch nicht mehr willkürlich anschreien lassen. Ich wollte nicht mehr einfach nur die Klappe halten und alles ertragen müssen. Ich wollte mich wieder frei bewegen, raus aus diesem Knast, raus aus diesen dicken, kalten Mauern, hinter denen es nach Bohnerwachs roch und wo immer das Schreien der Fröhlich durch die Gänge hallte. Ich wollte duschen, wenn ich dreckig war und die Heizung aufdrehen, wenn ich fror und ich wollte jederzeit meine Meinung sagen können. Vor allem wollte ich aber eine Sache: Ich wollte nach Hause. Nur noch nach Hause. Verdammt, wir waren Kinder! Wir hatten nichts zu entscheiden, wir wurden einfach abgeschoben. Die meisten von uns wurden ins Internat geschickt, weil die Eltern mit uns unzufrieden waren oder kapituliert haben. Wenn es dann Schläge gab, dann war das für uns kein Grund, sich darüber zu beschweren. Zu Hause habe ich das nie verraten. Möglicherweise hätte ich dann nur noch das zweite Mal Schläge bekommen. Außerdem war ja jetzt alles gut. Ich hatte endlich gute Noten und ich war endlich der gute Sohn, der es endlich kapiert hatte. Ähnliche Kommentare gab es von den anderen Eltern, wenn man sachte Kritik über die Vorgänge im Alo verlauten ließ. Fischis Papa sagte dazu nur: „Naja, die Noten stimmen, also müssen sie ja wohl irgendetwas richtig machen, höhöhö!"

Besonders schlimm war es für uns, wenn Mitschüler wie Mark nach „nur" einer Ohrfeige gleich am nächsten Tag abgeholt wurden. Ich war neidisch auf Mark und sah ihn sehnsüchtig vom Fenster aus ins Auto steigen. Insgeheim wünschte sich dann jeder von uns solche Eltern, die uns empört rausholten. Stattdessen bekamen wir gesagt, dass zu Hause ja auch kein Zuckerschlecken sei. Als ich dann doch endlich wieder raus kam, musste ich erleben, dass es meiner Mutter nie um bessere Noten ging – sie wollte mich einfach los und nie zurück haben.

Camillo schnappt wieder nach Fliegen. Ich tätschle ihm den Kopf. Niemals würde ich mein eigenes Kind da rein stecken. Zum Glück gibt es das Alo nicht mehr. Angeblich sollen jetzt dort Eigentumswohnungen sein. Wer zu Hölle zieht freiwillig in so ein Gebäude ein? Ob meine Nudel noch an der Decke klebt?

Das Handy leuchtet auf. Meine Schwester schreibt mir. Sie sind jetzt in Stockholm und fahren in den nächsten Tagen zum Vättern. Wann in etwa ich denn dort bin. Ich rechne kurz nach. Wenn das Wetter so bleibt, dann könnte ich in etwa vier Tagen in Jönköping sein. Mein Schweden. Wie ich es liebe. Mein Puls beschleunigt sich wieder bei dem Gedanken, dass ich übermorgen schon in Schweden sein könnte. Ich springe auf, Camillo lässt von seinen Fliegen ab und schaut mich erwartungsvoll an. Weiter geht's. Schweden wartet! Ich entscheide mich, die etwas verkehrsreichere, aber kürzere Strecke Richtung Kopenhagen zu nehmen. Einsame Straßen habe ich später in Schweden und Finnland noch zu Genüge. Hoffentlich ist dann auch das Wetter weniger launisch, denn binnen einer halben Stunde zieht der Himmel zu und es fängt an zu tröpfeln. Ich halte kurz unter einem Baum. Kacke. Gerade erst habe ich Pause gemacht, ich kann doch nicht schon wieder halten! Der Regen wird heftiger, aber wenn ich in meine Fahrtrichtung blicke, kann ich erkennen, dass der Himmel heller wird. Also Regenjacke und -hose an, weiterfahren! Dummerweise haben sich die Wolken entschlossen, in die gleiche Richtung zu ziehen und so werde ich kontinuierlich von der Schlechtwetterfront verfolgt. Am Arsch die Waldfee, bin ich sauer! Wütend trete ich in die Pedale, während der Regen sich anpasst und ebenso heftig auf mich einschlägt. Nach zehn Kilometern geben meine Neopren-Überschuhe den Widerstand auf und die Nässe erreicht jetzt auch meine Socken. Ab jetzt wird es richtig fies. Eine Asiatin hat mir einmal gesagt, man muss immer warme Füße haben. Sobald die Füße kalt werden, wird man krank. Der Wind ändert langsam seine Richtung und schiebt die Wolken Richtung Westen ab. Nach einer Stunde Dauerregen klart es wieder auf. Ich halte kurz, um mein Gespann zu überprüfen. Camillo ist im Hänger trocken geblieben, aber die Nässe ist durch meine Radlager gezogen und die schmatzende Kette hat ordentlich Schmutz aufgefangen. Ich hole das Werkzeug heraus und reinige alles.

Im Schaltkäfig hat sich ein öliger Klumpen Schmodder verfangen. Die Kette hingegen ist komplett blank und braucht dringend neues Schmieröl. Camillo beobachtet mich gelangweilt und macht keinerlei Anstalten heraus zu springen. Er hasst Regenwetter und schaut mich immer vorwurfsvoll an, wenn ich ihn zu Hause für zumindest zehn Minuten raus in den Regen schiebe. Warum also sollte er freiwillig von seinem trockenen Plätzchen aufstehen und sich die Pfoten nass machen? Dann lieber gechillt alles von seinem trockenen Ort aus beobachten.

Das Wetter spielt in diesem Jahr bis jetzt nicht wirklich mit. Eigentlich wollte ich in den ersten Tagen mindestens hundert Kilometer fahren und dann täglich schauen, wie viel ich noch drauf packen kann. Ich brauche Puffer, um in Finnland und Norwegen mit weniger Kilometer auszukommen, dann kommen nämlich die Berge. Aber noch bin ich im Soll. Noch ist alles möglich.

Langsam verdampfen die Pfützen wieder, aber die nachlassende Sonne schafft es nicht mehr, meine durchgeschwitzte Kleidung zu trocknen. Ich halte an einem Campingplatz, der direkt an der Landstraße liegt, sich aber weit nach hinten in Richtung Wald erstreckt. Bis jetzt habe ich es nur einmal geschafft, wild zu campen. Das hat mich allerdings zwanzig Kilometer Umweg gekostet. Lieber jetzt noch einmal heiß duschen und noch einmal die durchnässte Kleidung waschen. Wer weiß, wann ich das nächste Mal die Gelegenheit dazu habe. Die Zeltwiese ist weitestgehend nicht belegt, nur am unteren Rand steht ein holländischer Kombi, in dem ein Hund laut sein Revier verteidigt. Ich bevorzuge die andere Ecke unter einer Birke und baue mein Zelt auf. Ich mag Birken. Bei

Opa im Hof stand immer eine riesige Birke. Eine Frau läuft zum Kombi und sagt etwas zu ihrem Hund, der sofort verstummt. Erst jetzt höre ich, dass im großen Zelt daneben ein Kind schreit, in das sie gleich verschwindet. Ein paar Sekunden später ist es auch ort still. Ob sie dem Kind das gleiche Kommando gesagt hat wie dem Hund?

Ich leine Camillo ab und lasse ihn zum Waldrand laufen, wo er hinter einem kleinen Busch verschwindet. Da ist er sehr dezent. Camillo möchte dabei nie gesehen werden. Zwei weitere Kinder mit dunkler Hautfarbe, etwa zehn und vierzehn Jahre alt, kommen ebenfalls zum Kombi. Sie winken mir kurz zu, ich winke zurück. Camillo trottet vom Busch zurück und legt sich auf die Isomatte, die ich auf der Wiese ausgebreitet habe. Ich überlege, wie ich weitermache: Erst essen, dann Wäsche waschen und währenddessen duschen? Oder erst duschen, dann essen und anschließend Wäsche waschen, weil später die Waschmaschinen eher frei sind? Vermutlich bin ich dann aber schon zu müde und muss mich wach halten, bis die Wäsche fertig ist... Ich bemerke die holländische Mutter erst, als sie schon fast vor mir steht.

„Hey, I`m Sanna!", sagt sie und lächelt.

Ich erwidere ihren Gruß freundlich. Sanna sagt, dass sie viel zu viel zum Abendessen gemacht habe und ob ich mich nicht dazu gesellen möchte. Mir ist die Einladung unangenehm. Ich bedanke mich ganz herzlich und entschuldige mich, aber ich sei Veganer.

„Oh, no problem, I am vegan, too!", antwortet sie freundlich.

Meine Verlegenheit verflüchtigt sich und eine Stunde später (nachdem ich geduscht habe und die Waschmaschine läuft) sitze ich mit Sanna und ihren drei Jungs am Tisch. Gandalfine hat mich gelehrt, keine voreiligen Schlüsse zu ziehen und so fange ich erst gar nicht mit Gedankenspielen an, warum Sanna mit Mitte Vierzig und drei dunkelhäutigen Jungs, wovon einer noch ein Baby ist, alleine in Urlaub fährt. Wir haben auch so ein nettes Gespräch. Ihr Hund, der mit seinen fünfzig Kilo eben im Auto noch ein randalierendes Monster war, entpuppt sich nun als Riesenbaby und beobachtet einfach nur fassungslos, wie Camillo rotzfrech seinen Futternapf leer putzt. Sanna ist die einzige Veganerin, für ihre Jungs hat sie Bratwürste gemacht. Auch da bleibt sie völlig entspannt und startet erst gar keine langen Bekehrungsversuche. Auch sonst spricht sie nicht über Ernährung, wofür ich ihr sehr dankbar bin.

Manche Veganer machen da ja eine Religion draus, gründen Vereine, treffen sich nur mit Gleichgesinnten und meinen jeden bekehren zu müssen, womit eigentlich nur das Gegenteil erreicht wird. In Freiburg haben sich mir einmal zwei Studenten mit Schildern in den Weg gestellt, auf denen Fotos misshandelter Tiere abgebildet waren. Ob ich denn mit so etwas einverstanden sei, fragte mich einer der beiden. Es entstand eine absurde Diskussion und ich bin irgendwie automatisch in die Rolle des Kritikers geschlüpft, obwohl ich zu diesem Zeitpunkt selbst schon längst Veganer war. Ob sie meinen, mit solchen Bildern etwas erreichen zu können, antwortete ich mit einer Gegenfrage.

„Man muss die Leute aufwecken und mit der Realität konfrontieren!", sagte der zweite Student in einem Ton, als würde er gerade auf einer Demo eine Rede halten.

„Damit schreckt ihr die Leute nur ab. Da könnt ihr euch gleich mit Blut einpinseln und durch die Fußgängerzone laufen", sagte ich.

„Aber so ist die Realität!", wiederholte Mister Demo.

„Macht doch mal einen Kuchen!", forderte ich sie auf.

„Hä?"

„Stellt euch hin, verteilt Kuchen, lasst die Leute probieren und wenn es ihnen schmeckt, dann gebt ihr ihnen das Rezept!"

„Wir sollen die auch noch belohnen?"

Nichts verstanden.

Auf der anderen Seite nervt es mich, wenn am Tisch der Veganer -also ich- ausfindig gemacht wird. Ich versuche es immer nach Möglichkeit zu verheimlichen. Nicht, weil es mir peinlich ist, sondern weil dann alle Gespräche im gleichen Muster verlaufen:

„Magst du nicht auch ein Stück Fleisch?"

„Nein, danke."

„Oh, Vegetarier?"

„Ja."

„Dann ein Stück Grillkäse?"

„Danke, auch nicht."

„Hm, auch kein Käse? Du bist aber nicht zufällig auch noch Veganer?"

„Doch."

„Uff!"

„Also, ich esse ja auch nicht viel Fleisch und ernähre mich weitestgehend vegetarisch."

„Aha."

„Aber ich könnte mir niemals vorstellen, auf Käse zu verzichten! Isst du gar keinen Käse?"

„Nein."

„Nicht mal Babybel?"

„Äh, was?"

„Fehlt dir der nicht?"

„Wer? Der Käse?"

„Ja!"

„Ehrlich gesagt nicht. Es gibt so viele andere tolle Zutaten und man kann auch ganz leicht selbst einen Hefeschmelz zubereiten."

„Achso....aus welchen Gründen bist du denn Veganer geworden?"

Jetzt könnte ich sagen, weil ich nicht möchte, dass wegen mir noch ein Tier stirbt. Weil ich jahrelang versucht habe, mich „tierfreundlich" zu ernähren, um anschließend herauszufinden, dass mich die Lebensmittel-Industrie aufs Neue verarscht hat. Weil ich nicht möchte, dass die angeblichen Freiland-Hühner doch nur Bodenhaltungs-Hühner sind und weiterhin die Schnäbel kupiert bekommen. Dass es irgendwie eine kranke Vorstellung ist, als artfremdes Wesen die Muttermilch von einem Tier trinken, die eigentlich für ihr eigenes Kalb gedacht ist. Dass uns die Rinder die Erde heiß furzen und wir sie tonnenweise mit Futter fett füttern, nur um am Ende ein Kilo gutes argentinisches Steak auf dem Teller zu haben. Dass das alles eine ziemlich kranke Industrie ist und die sogenannten Tierschutzgesetze einfach nur zynisch sind, denn so eine Sau hat gar nichts davon, wenn ihr Käfig drei Zentimeter breiter oder schmaler sein darf, am Ende landet sie doch im Tiertransporter und wird zur Schlachtbank getrieben.

Das alles könnte ich sagen. Darauf habe ich aber keine Lust, weil es nicht meine Aufgabe ist, andere Leute aufzuklären, die alles längst schon wissen und alles ganz leicht selbst googlen könnten.

„Och, wegen allem", antworte ich stattdessen nur.

Dann ist das Gespräch meistens beendet und alle halten mich für arrogant. Würde ich alle Argumente aufführen, dann wäre ich der Weltverbesserer, der alle bekehren will. Wie man es dreht und wendet: Als Veganer bist du immer eine Provokation. Eigentlich total paradox. Man trifft die bewusste Entscheidung, sich künftig anders zu ernähren, um Leben zu retten, umweltfreundlicher und nachhaltiger zu leben und das mit völlig friedlichen Mitteln. Aber dein nicht-veganes Umfeld nimmt dich als Störenfried wahr und fühlt sich diskreditiert, wenn du mit deinem Gemüseteller mit am Tisch sitzt.

Sanna fragt mich nun schon zum dritten Mal, ob ich noch anschließend mit ihr im Wald spazieren gehen will. Mir wird es langsam etwas zu eng und ich schleiche mich wieder aus der Familien-Idylle heraus. Wir nehmen noch ein gemeinsames Foto auf und ich wünsche ihnen einen schönen Urlaub. Spülen muss ich nicht, die Jungs sagen mir stolz, dass das ihr Job im Urlaub sei. Ich muss grinsen. Sie sind wirklich nett. Ich hole meine Wäsche und lege sie vor dem Zelt zusammen, während es dunkel wird und die Mücken langsam aus dem Wald über den Campingplatz herfallen. Camillo liegt bereits im Zelt und zuckt im Schlaf. Was für ein seltsamer Tag. Aber irgendwie auch schön und ich bin erst am Anfang meiner Reise. 90 Kilometer bin ich heute gefahren. Heute nacht träume ich, wie ich wieder im Internat bin und nicht mehr aus dem Schlafsaal komme. Alle Türen verschwinden, die Vorhänge legen sich um mich, von irgendwo hört man die Fröhlich brüllen und ihre Schlüssel klappern. Pater Robert steht mit hochrotem Kopf vor mir und pumpt sich auf, nachdem er gesehen hat, dass ich noch die Hostie vom Gottesdienst aufgehoben habe. Der Leib Christi, in meinem Bett. Ein halbes Hähnchen läuft um die Ecke und wird von Sannas Riesenbaby gejagt.

Bis zum Nordkap sind es noch 2441 Kilometer.

TAG 5

99,3 Kilometer. Was ist das für ein Müll. 99,3! Das kann ich so nicht akzeptieren. Ich kreisel auf dem Vorplatz der Rezeption. Bei jeder Runde lege ich etwa fünfzig Meter zurück. Vierzehn Runden später zeigt mein Tacho einhundert Kilometer an. Geschafft. Stolz steige ich ab und trete in die Rezeption ein. Die Dame hinter dem Tresen schaut mich mit großen Augen an, ohne eine Miene zu verziehen. Erst jetzt fällt mir auf, dass das wohl ziemlich bescheuert ausgesehen haben muss. Ein Rennradler mit Hund im Hänger, der zehn Minuten lang vor ihrem Fenster im Kreis fährt... Mir egal. Ich kann kaum laufen, so tut mir heute der Hintern weh. Es war trocken heute. Und heiß! So heiß, dass ich mir den Hintern am Sattel aufgerieben habe und die letzten zwei Kilometer fast nur noch im Stehen zu bewältigen waren. Weiterfahren ging nicht mehr, zu heftig hat es am Ende gerieben, aber die Hundert wollte ich auf jeden Fall heute noch voll haben. Wäre auch Blödsinn gewesen, denn ich bin kurz vor Kopenhagen und stehe am letzten Campingplatz, der noch einigermaßen im Grünen liegt. Wenn man über die Landstraße geht, steht man am „Hundige-Strand" - alleine deswegen schon ein Grund, mit Camillo hier zu halten.

Der Campingplatz ist voll und ich muss mein Zelt direkt neben dem Spielplatz aufbauen. Die Abendsonne strahlt in meine Ecke, während ich auf dem Boden sitze und meine Erbsenbratlinge über dem Gaskocher brate. Direkt gegenüber trifft ein Pärchen mit Trekking-Rädern ein und macht sich gleich ans Werk, ihr Iglu-Zelt aufzubauen. Ihrem Verhalten nach scheinen sie noch nicht lange zusammen zu sein. Typ zweite

Partnerschaft: Kinder groß gezogen, dann gemerkt, dass man sich nichts mehr zu sagen hat, Scheidung, Trauerphase, Parship, neuer Partner und nun erster gemeinsamer Urlaub. Jetzt kommt es darauf an: Verträgt man sich auch bei einer Radreise auf engstem Raum? Auffällig höflich und diplomatisch erklärt er ihr, wie sie die Zeltstangen einfädelt und sie lacht über ihre eigene Tollpatschigkeit, würde aber am liebsten alles hin schmeißen, ihn anschreien und ins Hotel ziehen.

Nebenan steht ein langer Dethleffs-Wohnwagen mit einem Skoda Kombi davor. Unter dem Vorzelt sitzt ein Holländer in seinem Stuhl, Anfang Sechzig, oben ohne, aber mit rotem Bauch und prostet mir zu. Auch er genießt gerade den Ausblick auf das Pärchen, die sich gerade so viel Mühe geben, nicht aufzufallen, so dass sie jedem auffallen. Irgendwann schaffen sie es, das Zelt aufzubauen, ohne sich an die Kehle zu springen und geben sich ein peinliches High-Five, so peinlich, wie es nur Leute über Fünfzig hinkriegen. Der Holländer macht das zweite Bier auf. Inzwischen habe ich meine Bratlinge gegessen und laufe mit Camillo zum Hundige-Strand. Nach den ersten Metern merke ich, dass ich kaum laufen kann, so brennt mir der Hintern an der empfindlichsten Stelle. Ich habe mir heute im wahrsten Sinne des Wortes den Arsch aufgerieben. Zum Glück komme ich an einem Coop vorbei und hole mir die dänische Variante der Vaseline, die genauso heißt und bei der ich das Gefühl habe, dass ich genauso dämlich wie in Deutschland angeschaut werde, wenn ich als Mann mit offensichtlichen Hinternschmerzen eine Vaseline kaufe und wieder breitbeinig aus dem Geschäft marschiere. Zu meinem Erstaunen gibt es am Hundige-Strand ein dickes Hundeverbotsschild, an das sich aber keiner hält. Vor mir laufen fünf Dänen und zehn Hunde. Camillo fetzt den Strand entlang, beißt in die Wellen und kotzt fünf Minuten später wieder das Salzwasser aus. Währenddessen versuche ich mir dezent den Hintern mit Vaseline einzukleistern und lasse immer wieder meinen Zeigefinger mit Nachschub in der Hose verschwinden. Leider bemerke ich zu spät, dass sich hinter mir zwei weitere Hundebesitzer genähert haben, die mich schnell passieren und offensichtlich die Dänen vor mir kennen. Sie flüstern kurz, schauen zu mir und drehen sich dann angewidert weg. Na toll, jetzt bin ich also der Perverse, der sich am Hintern reibt. Mir egal, Hauptsache die Schmerzen lassen nach. Ich lasse Camillo noch auskotzen und ein wenig am Schilf kauen, dann laufe ich zu meinem Zelt zurück. In der Zwischenzeit findet die Ü 50-Party im Iglu-Zelt ihren Höhepunkt. Die Beiden scheinen sämtliche Verlegenheit zwischen ihren vier Wänden und den Heringen abgelegt zu haben. Entweder ist es ihnen plötzlich egal, ob andere sie hören können oder die Anfänger checken wirklich nicht, dass eine Zeltwand nur ein Sicht- aber kein Akustikschutz bietet. Es geht zu wie bei einem Tennisspiel, während der alte Holländer mittlerweile vier leere Bierflaschen neben sich liegen hat. Sein Kopf hat sich inzwischen der Färbung seines Bauches angepasst. Er prostet in Richtung des wackelnden Iglu-Zeltes, auf dem sich gerade die Silhouette eines nackten Hintern abbildet und feuert sie auf holländisch an, während er halb irre, halb besoffen lacht. Mit einem Schwung geht plötzlich die Tür des Wohnwagens auf und seine Frau baut sich im Türrahmen auf. In der einen Hand die Tür, in der anderen Hand einen Teil ihrer Hüfte, faltet sie ihn zusammen und lässt Beschimpfungen auf ihn einprasseln, die international verstanden werden und keinerlei Übersetzung bedürfen. Dann knallt die Tür wieder zu, wobei vollkommen klar ist, wer sie als nächstes aufmachen wird. Kleinlaut leert der Gescholtene sein Bier auf dem Rasen aus, faltet seinen Stuhl so zusammen, wie er es schon ist und verschwindet zähneknirschend im Inneren des Wohnwagens. Die Ü 60-Party scheint heute wohl auszufallen.

Ich schaue Camillo noch zu, wie er die letzten Reste des dänischen Dosenfutters verputzt, dann verschwinden auch wir im Zelt.

Drei Tage später erfahre ich, dass der Hundige-Strand überhaupt nichts mit Hunden zu tun hat.

Noch 2349 Kilometer bis zum Nordkap.

Irgendetwas ist komisch. Ich fahre jeden Tag mehr Kilometer, als am Ende des Tages bis zum Nordkap übrig bleiben. Gestern bin ich exakt einhundert Kilometer gefahren. Aber bis zum Nordkap sind es nicht hundert Kilometer weniger geworden, sondern nur 92. Also entweder fahre ich sehr viele Umwege, oder das Navi nimmt manche Kurven bis zu meinem Ziel enger, wie ich sie fahre. Wenn aber bei einer Tour über 30 Tage fast jeden Tag durchschnittlich zehn Kilometer fehlen....Alter....schon wieder dieses Herzrasen. Dabei soll es doch ein Urlaub sein. Aber ich will doch fucking verdammt noch mal zum Nordkap!

Auf jeden Fall wird es nichts mit einem Ruhetag in Kopenhagen. Der Regen hat mich Zeit und Kilometer gekostet. Außerdem habe ich kein gutes Gefühl, mit dem Camillobil durch eine Großstadt zu fahren. Klar, Kopenhagen ist die Fahrrad-Hauptstadt. Sicher werden sich einige zu Hause an den Kopf fassen, wenn ich zu Hause erzähle, dass ich das Biker-Mekka ausgelassen habe. Aber ich weiß nur zu gut, wie aufreibend es ist, mit Camillo im Hänger durch Städte zu fahren. Nicht, weil Camillo es stresst, ganz und gar nicht. Er sitzt brav hinten drin, lässt Lärm, enge Kurven und abruptes Bremsen über sich ergehen und denkt nicht im Geringsten daran, raus zu springen. Die Menschen sind das Problem. Ein Hund im Hänger - wie süß! - und schon wird er angesprochen. Sobald Blickkontakt zwischen Mensch und Tier besteht, steht er auf und will zeigen, was er doch für ein toller und lieber Hund ist. An jeder Ampel muss ich erklären, was wir vorhaben, wo wir hinfahren und dann kommt ein mitleidiges „Ooooooooh!", weil der arme Hund ja den ganzen Tag so brav da hinten drin sitzen bleiben muss. Für Camillo eine willkommene Einladung noch mehr zu wedeln und dann fehlt nur noch ein kleines „Hopp!" und er wäre draußen. Nein, ich fahre nicht nach Kopenhagen. Wir machen eine Tour durch die Natur, fahren einsame Landstraßen und Camillo darf dann raus, wenn ich es für sicher genug halte.

Leider bleiben mir aber die Vorstädte und deren tausend Ampeln nicht erspart. Ständig muss ich anhalten, warten, um dann wieder mein Gespann in Bewegung zu setzen und falls ich es noch nicht erwähnt haben sollte, ich ziehe 50 Kilogramm hinter mir her. Jetzt verstehe ich, warum die meisten Lastenräder einen kleinen E-Motor besitzen, der beim Anfahren hilft. Ich habe erst vierzig Kilometer hinter mir, als ich den Speckgürtel Kopenhagens hinter mir lasse, fühle mich aber schon so k.o., als hätte ich die Hundert überschritten. Langsam werden die Ortschaften kleiner und die Häuser immer verspielter und bunter. Gefällt mir, dieses Dänemark! Die Küstenstädtchen sind voller Touristen und Radfahrer. Rechts von mir liegt der Öresund und ich kann am Horizont die schwedische Küste erkennen. Kurz vor der Fähre nach Helsingborg mache ich noch einen kurzen Fotostopp- Was für ein tolles Bild! Sollte ich jemals darüber ein Buch schreiben, dann wird das mein Coverfoto. Camillo quengelt, er will raus und ans Wasser laufen, aber ein Zaun trennt uns vom Strand. Eigentlich wäre jetzt Camillos Gassizeit, aber die Vorstellung, in ein paar Minuten in Schweden spazieren gehen zu können, treibt mich weiter.

„Sorry, Kumpel, du musst noch ein wenig warten!"

Camillo schaut mich leicht angepisst an. Verständlich, denn das Wetter ist traumhaft: Es ist warm, das Meer spiegelglatt und es spricht in seinen Augen nichts gegen einen Spaziergang. Stattdessen muss er nun hilflos mit ansehen, wie ich eine wunderschöne Küstenstraße am Strand entlang bis zur Fähre nehme. Immer wieder fiept es hinter mir und ich bin langsam leicht genervt.

„Camillo, Schluss jetzt!", raunze ich ihn an. Offensichtlich meint er, dass er jetzt bei jedem Meeresabschnitt ins Wasser darf. Wir kommen genau zum richtigen Zeitpunkt an den Fähranleger und können sofort über die Rampe an Bord fahren. Neben mir hält ein roter 50er Roller, der über und über mit Solarpanels verziert ist. Der Fahrer trägt eine Camouflage-Hose, ein knallrotes T-Shirt und Hosenträger. Wir grüßen uns und der Typ ist mir sofort sympathisch.

„Ich bin Peter. Peter aus Dänemark!", sagt er mit einem netten dänischen Akzent.

Peter aus Dänemark streckt mir die Hand hin und auch ich stelle mich vor. Wie sich herausstellt, fährt er auch zum Nordkap, er nimmt sogar die gleiche Route wie ich. Nur eben mit seinem Roller, den er auf sehr beeindruckende Weise umgebaut hat. Seine Solaranlage versorgt das Handy, seinen Lautsprecher, das Tablet und die komplette Rückseite mit hunderten von LEDs, so dass der ganze Roller leuchtet wie der Coca-Cola Truck. Ich bin tief beeindruckt von seinen Bastel-Fähigkeiten und erzähle ihm, dass ich so etwas auch gerne am Fahrrad hätte. Mich nervt es, dass ich spätestens nach zwei Tagen auf Steckdosen angewiesen bin, um mein Handy und meine Powerbank wieder aufzuladen. Peter aus Dänemark gibt mir ein paar Ratschläge, wie ich mir sehr leicht alles selbst zusammen basteln kann.

„In Deutschland habt ihr Conrad-Electronic, das ist super! Da kannst du alles kaufe`!", sagt Peter aus Dänemark und bekommt dabei ganz glänzende Augen.

Erst jetzt bemerke ich, dass auf seinem Trittbrett ein schwarzer Hund liegt.

„Das ist Bølle!", stellt mir Peter seinen Labrador-Mix vor. Bølle wedelt kräftig mit dem Schwanz, ganz, als würde er sich freuen, dass er endlich einmal wahrgenommen wird. Die beiden sind ein grandios sympathisches Team. Leider geht die Überfahrt viel zu schnell vorbei, wir geben uns noch einmal kurz die Hand und dann bläst Peter aus Dänemark mit seinem Hund Bølle und seinem Solar-Moped über die Rampe und verschwindet hinter der nächsten Kurve. Ein komisches Gefühl bleibt in mir zurück, während ich ihm nachschaue. Da fährt dieser Typ alleine auf seinem Zweirad und mit seinem Hund zum Nordkap... Freak!

Ich bin in Schweden. Ich weiß nicht warum, aber jedes Mal, wenn ich in Schweden bin, dann fühle ich mich irgendwie zu Hause. Dänemark war wunderschön, aber dort war ich Gast. Schweden hat für mich schon immer etwas Vertrautes an sich. Die Freude verfliegt schnell, als Camillo an der ersten Kreuzung, direkt am Stadsparken, aus dem Camillobil springt. Was soll das, Das macht er sonst nie?! Noch bevor ich ihn zusammenstauchen kann, sehe ich das Malheur hinter mir: Mein Bub hat das dänische Hundefutter nicht vertragen und nein, es ist keine Kotze... Ich halte also an der Grünanlage und betrachte das Malheur. Es sieht übel aus. Das Meiste ist zum Glück auf der Isomatte gelandet und am Rand die Reifen heruntergelaufen. Leider lag da auch mein einziges Hemd, das ich dabei hatte. Langsam, ganz langsam hole ich die Iso-matte und mein übriges Equipment aus dem Hänger, während Camillo mit einem bedauernswerten Blick noch einmal im Gebüsch verschwindet. Sofort tut es mir leid, dass ich ihn vorhin so zusammen geschissen habe. Eigentlich hätte ich es besser wissen müssen. Er ist viel zu lieb, als dass er ohne Grund so quengeln würde. Er hat alles richtig gemacht, lange vorher schon sein Bedürfnis angekündigt und ich habe ihn einfach ignoriert und sogar noch dafür zusammen geschissen, bis er geschissen hat. Ich putze also mit meiner Klorolle eine vollgeschissene Isomatte auf einer Wiese mitten im Park aus, daneben liegt mein vierbeiniger Straßenmischling, mein Proviant ist in diverse Supermarkt-Tüten verpackt, die zum Glück unversehrt und sauber neben meinem Kulturbeutel liegen. Nach und nach merke ich, dass ich mit meiner Aktion ein merkwürdiges Klientel anziehe. Zwei Obdachlose steuern auf mich zu und grüßen mich, begleitet von einem zahnlosen Lächeln. Einer der beiden fragt auf Englisch, ob er meinen Hund streicheln darf. Mir fällt zum Glück schnell ein, dass er krank ist.

„Oh! Go to the vet!" erwidert er daraufhin, dreht sich angewi-dert weg und läuft zu einem Pärchen, das gerade den Weg passiert, um sie anzubetteln. Sie schütteln den Kopf und gehen schnell weiter. Ein paar Meter weiter sitzt ein weiteres Paar auf einer Parkbank und beobachtet mich angewidert, wie ich das Klopapier mit Camillo-Kacka in den Mülleimer werfe. Prima, ich weiß nicht was schlimmer ist: In Dänemark war ich gestern der Popo-Fummler, heute bin ich der Asi im Park. Egal, Hauptsache der Hänger ist wieder sauber. Schnell

packe ich alles wieder zusammen und fahre weiter. Obdachlose in Schweden sprechen echt gut Englisch. Camillo scheint
es wieder besser zu gehen, nachdem er noch einmal ein
kurzes Bad in einem Springbrunnen genommen hat. Ich habe
nun auch das dringende Bedürfnis, meine Klamotten und
mich ordentlich zu waschen. Ich fahre noch ein Stück
Richtung Norden durch die Landschaft Skånes. Auch hier gibt
es weite Felder und einsame Holzhäuser in den typischen
roten, gelben und blauen Anstrichen. Die Straßen sind gut
ausgebaut und die gestrichelten Randstreifen sind breit
genug für mein Gespann. Wobei so eine Fahrradspur in
Schweden gar nicht nötig ist, denn die Autofahrer halten
einen so weiten Abstand, dass sie schon fast links in den Gra-
ben fahren. Vielleicht sind die Schweden aber auch einfach
besonders kinderlieb, denn von hinten sieht man ja nicht,
wen oder was ich da in meinem Kinderanhänger
transportiere.

Am Nachmittag komme ich an einem kleinen Campingplatz
vorbei. Ein Schild weist mich darauf hin, dass man sich
einfach einen freien Platz suchen soll und es kommt dann jemand, der abkassiert. Es ist Freitag und die unteren drei Stugas sind belegt von einer Clique schwedischer Teenager, die
offensichtlich Einiges vorhaben. Kistenweise schleppen sie Al-
koholika in die Hütten und stellen auf der Wiese davor die
Tische zusammen, um alles für Bierpong vorzubereiten. Ich
grüße nett und darf mein Handy bei ihnen zum Aufladen da
lassen. Die Wiese ist riesig und es geht einen kleinen Anstieg
hoch. Zwei Birken stehen günstig nebeneinander, so dass ich
mein Seil, das ich noch von Maja bekommen habe, als Wäscheleine zwischen den beiden Bäumen anbringen kann. Ein

Toyota Hilux steuert auf mich zu und ein alter Mann mit Cowboyhut und braun gebranntem Gesicht grüßt mich und kassiert mich ab. Anschließend muss ich dem schwedischen John Wayne helfen einen abgeknickten Ast ganz von der Birke abzureißen. Wir ruckeln beide fleißig daran, Camillo gesellt sich dazu und hilft ebenfalls mit. John Wayne steigt in sein Auto und bittet mich, ihm den abgerissenen Ast zu geben. Dann fährt er weiter, während er mit der linken Hand durch das offene Fenster den Ast neben sich her zieht.

Meine erste Dusche in Schweden dauert diesmal besonders lange. Die Strecke mit den ständigen Stop-and-Goes war heftig und ich massiere meine Oberschenkel. Da meine übrige Wäsche gerade in der Waschmaschine schleudert, muss ich wieder mein verschwitztes Dress von heute anziehen. Irgendwie eklig, aber dann habe ich zumindest morgen wieder einen komplett sauberen Hänger, der bereits draußen in der Abendsonne trocknet, nachdem ich ihn mit einem Wasserschlauch abgespritzt habe. Ich komme an den Stugas vorbei und hole mein Handy ab. Die Schweden-Teenies haben mittlerweile die ersten Flaschen geleert und machen ein seltsames Trinkspiel, bei dem sie die ganze Zeit gackern wie die Hühner. Eigentlich würde ich gerne wissen, wie dieses Spiel funktioniert, in meiner versifften Radlerhose fühle ich mich aber gerade nicht wirklich wohl und so bleibt es bei einem netten „Tack!" und ich laufe zurück zu meinem Zelt. Meine nassen Klamotten passen gerade so auf die Wäscheleine. Die Sonne verschwindet langsam, so langsam, wie es nur in Skandinavien passiert. Am Fuß des Hangs findet die Party langsam ihren Höhepunkt. So nett die Teenies auch sind, sie haben einen ausgesprochen schlechten Musikgeschmack.

Gleich zwei JBL-Lautsprecher wummern den Hügel hoch, keine Ahnung, wie sie die synchron geschaltet haben. In etwa hundert Meter Entfernung steht ein altes Wohnmobil, Typ Hobby 600, vor dem ein kleiner Zaun als Auslauf aufgebaut ist. Süß, anscheinden durften die Kinder ihre Hasen mit in den Urlaub nehmen. Zwei schwarze Schatten hüpfen immer wieder eine kleine Röhre hoch und runter und zucken mit ihren langen Schwänzen. Einer der Hasen streckt seine Krallen aus und wetzt sie am Kratzbaum. Moment. Alter, das sind ja zwei Katzen! Wo ist eigentlich... natürlich hat Camillo die beiden Miezen schon früher entdeckt als ich. Fasziniert steht er in gebührendem Sicherheitsabstand vor dem Käfig und versucht sich langsam zu nähern. Ich pfeife laut und rufe energisch seinen Namen. Plötzlich verstummt von unten die Musik. „Ursäkta!", ruft einer der Jugendlichen hoch und winkt mir mit einer entschuldigenden Geste zu. Camillo kommt auch. Wow, zwei Fliegen mit einer Klappe geschlagen. Offensichtlich haben die Schweden meinen Brüller missverstanden und „Camillo" heißt auf Schwedisch so etwas wie: „Haltet endlich mal die Fresse und macht die beschissene Musik leiser!" Für den Rest des Abends ist es jedenfalls still. Wirklich nett, diese Schweden. Heute bin ich 95 Kilometer gefahren. Bis zum Nordkap sind es noch 2255 Kilometer.

Schweden. Wie ich es liebe. Dieses Land, diese wunderschönen Häuser! Diese Luft, die nach Sommer, Nadelwald und Skandinavien riecht! Dazu reflektiert das Licht die Wolken perlmuttfarben, je weiter man in den Norden kommt. Ich weiß nicht, ob die Menschen in Schweden tatsächlich netter sind als zu Hause oder ob ich durch meine gute Laune alle anderen damit anstecke. Vermutlich ist es die Kombination aus beidem, was mich hier immer so glücklich werden lässt. Schweden und ich, wir sind die perfekte Symbiose. Jedes Mal, wenn ich Camillo vor dem Eingang eines Supermarkts parke, habe ich nach dem Einkauf Gesellschaft. Mindestens eine Oma macht er in der Zwischenzeit klar. „Fin hund!", ist der Satz, den ich heute am meisten gehört habe. Der kurze Nieselregen lindert nicht im Geringsten meine Stimmung. Dann regnet es eben mal, kein Problem! Auch die Straßenarbeiten, die mich sechs Kilometer über Schotter führen und der daraus resultierende, unvermeidbare Plattfuß machen mir heute nichts aus. Ich bin in Schweden. Ich darf in einem schwedischen Wald den Reifen wechseln. Zwanzig Minuten brauche ich, bis ich den Hinterreifen aus- und wieder eingebaut habe. In diesen zwanzig Minuten passiert ein einziges Auto die einsame Landstraße durch den Wald und hält sofort an. Die Fahrerin ruft aus dem Fenster, ob ich „hjälpa?" brauche. Ich bedanke mich höflich und sie fährt lächelnd weiter, nicht ohne vorher noch zu sagen, dass das ein „fin hund!" sei. Heute bin ich einfach nur glücklich und fahre, fahre, fahre. Der Sonnenuntergang dauert fast zwei Stunden und 25 Kilometer. Nach 126 Kilometern halte ich an einem See und schlage mein Zelt auf. Endlich einmal kein Zeltplatz! Ein Hoch auf das Jedermannsrecht. Zwei Ruderboote liegen neben dem Bootssteg, eines davon mit blau-gelber Flagge im Heck. Sogar eine Feuerstelle gibt es, aber das Holz ist durch den Regen der letzten Tage zu feucht. Egal, Ich bin in Schweden und den größten Teil meiner Strecke verbringe ich in diesem Land. Ich schreibe meiner Schwester, dass wir uns morgen nachmittag in Jönköping sehen, dann schalte ich das Handy in den Flugmodus. Ich liege gut in der Zeit, wenn das Wetter nun weiterhin so bleibt, dann bin ich mit ein paar kurzen Sommergewittern einverstanden. Der See ist spiegelglatt und die Sterne reflektieren im Wasser. Es ist ruhig, nur ein paar Wildtiere hört man immer wieder im angrenzenden Wald durch das Unterholz laufen. Die Luft wird jetzt kühler, sobald die Sonne weg ist. Im Zelt versuche ich Camillo so nah wie möglich an mich heran zu schieben. Geduldig lässt er das Procedere über sich ergehen. So ein Hund als Heizung ist schon sehr praktisch. Ob ich so eine Reise ohne ihn machen könnte? Es wäre auf jeden Fall sehr einsam und noch einmal eine ganz andere Herausforderung. Wahrscheinlich würde ich es nicht machen.

Bis zum Nordkap sind es noch 2131 Kilometer.

TAG 8

Krise im Team, die Stimmung kippt. Beim Spielen im Wasser beißt mir Camillo voll in den Finger. Natürlich keine Absicht, er hat ihn in der Welle einfach nicht gesehen. Aber es ist heftig und ich schreie in der ersten Schrecksekunde Hund, See und mein Leben an. Mein Ringfinger schwillt sofort an, komischer, weiß-gelber Glibber tritt aus. Erst halte ich es für den Knochen, dann ergibt eine erste Diagnose von Google, dass es wohl Wundsekret ist. Ist das jetzt weniger schlimm? Noch nie wurde ich von einem Hund gebissen, schon gar nicht von Camillo und dann gleich so heftig! Warum ausgerechnet jetzt? Ich gehe mein Inventar durch. Alles habe ich dabei: Wundspray, Rettungsdecke, zwei Schweizer Messer, eine zweite Fahrradkette, Werkzeug, fünf Ersatzschläuche, Kettenöl, einen Ersatzreifen für das Fahrrad und noch einen für den Hänger, aber ein einfaches Heftpflaster, um den anschwellenden Finger zu behandeln, das habe ich nicht. Ich warte. Noch blutet es zu stark, vielleicht ist ja in einer Stunde wieder alles gut. Bitte, lass es wieder gut werden!

Ich bin so ein Jammerlappen. Natürlich wird es gleich wieder besser. Ich wickle Klopapier um meinen Finger und packe schon einmal alles zusammen. Dann fällt mir auf, dass mein Hinterreifen einen schleichenden Plattfuß hat. Da habe ich gestern auf der Schotterstraße wohl scheiße geflickt. Während ich den Mantel wieder über die Felge ziehe, reiße ich die Wunde erneut auf. Ich Idiot. Keine Chance, so kann ich nicht fahren. Vor allem auf dem Rennrad stütze ich mich auf meine Hände ab, die Wunde würde so nie richtig schließen. Mein Handy zeigt noch ein paar Prozent Akku an und ich schreibe meiner Schwester. Wir vereinbaren eine Planungsänderung und sie fahren zu mir an den See.

Fünf Stunden später fahren sie wieder und lassen mich mit ausreichend Pflaster für die nächsten zwei Monate zurück. Camillo schaut noch ein wenig schuldbewusst. Ein wenig sauer bin ich noch auf ihn. Aber wenn ich sehe, wie lieb er gerade mit meiner kleinen Nichte umging, wie sorgsam er neben ihr am See stand und sie den Wassereimer über ihm ausschütten konnte, dann wird mir wieder klar, wie groß meine Schuld an diesem Unfall war. Er hat sich nicht anders verhalten, wie sonst auch immer. Mein Schwager konnte mein Handy weitestgehend über den Zigarettenanzünder aufladen, so dass ich mein Komoot-Navi zumindest über Flugmodus bedienen kann. Ich fahre vorsichtig über die Feldwege zurück Richtung Landstraße. Jetzt bloß nicht noch einen Plattfuß! Aber alles geht gut, mein Finger schmerzt zwar und fühlt sich irgendwie taub an, aber ich bin abgelenkt genug, um nicht mehr darüber nachzudenken. Weiter geht es Richtung Norden und schon bald passieren wir die Grenze zur nächsten Provinz und kommen nach Småland. Es gibt immer mehr Seen, die Wälder werden dichter und die nächsten Regenwolken schieben sich heran. Freundlicherweise verpasst mich diesmal die Gewitterfront, aber den nassen Straßen nach zu beurteilen, muss es heftig gewesen sein. Ich ziehe trotzdem meine Neos über, denn das Spritzwasser weicht sonst meine Schuhe durch - immer trockene Füße bewahren! Autos fahren in weitem Abstand an mir vorbei und ziehen Regenbogen hinter sich her. Die Straße führt durch den Wald und an fast jeder Lichtung ist ein kleiner See. Nach 66 Kilometern halte ich an einem Campingplatz bei Vaggeryd.

Schade, eigentlich war ich dabei, wieder ein paar Kilometer gut zu machen, aber nach dem Drama heute Vormittag geht heute nichts mehr. Aber immerhin habe ich doch noch etwas Strecke machen können. Nachdem ich noch einmal ausgiebig meine Wunde im Waschraum desinfiziert und gereinigt habe, setze ich mich mit Camillo an den See. Ein langer Steg führt ins Wasser und ein deutscher Papa springt mit seinen Kindern hinein. Mir fällt auf, dass ich noch kein einziges Mal auf meiner Reise richtig schwimmen war. Seltsam, irgendwie kam ich noch gar nicht dazu, aber es fehlt mir gerade auch nicht. Camillo setzt sich neben mich und schaut ebenso gedankenverloren auf die Wellen, die von der schwimmenden Familie in einiger Entfernung zu uns treiben. Dann knallt er mir plötzlich seine Pfote auf den Oberschenkel. Entschuldigung angenommen. Wir haben uns wieder lieb.

Noch 2063 km bis zum Nordkap.

TAG 9

Wir sitzen in Jönköping in einem Café. Eigentlich dürfen hier keine Hunde sein, haben mir die Angestellten zuvor gesagt, aber wenn wir uns ganz hinten in die Ecke setzen und sich keiner beschwert, dann wäre das okay und ob der Hund denn auch etwas zu essen und trinken haben möchte. Mein Schwager bestellt ebenfalls den veganen Teller, den mir die Bedienung zuvor empfohlen hat. Auf ihrem Namensschild steht Linnéa, und Linnéa erzählt mir, dass sie jetzt einen neuen Freund hat, der auch Veganer sei und sie deshalb jetzt auch vegan koche und deshalb auch mehr vegane Gerichte anbieten kann. Ich gratuliere Linnéa, aber sie geht schon zum nächsten Tisch und erzählt auch dort, dass sie einen neuen Freund hat.

Sonst sehen wir uns immer nur bei meiner Oma. Hier in Schweden haben wir die Möglichkeit, einmal über andere Dinge zu sprechen, über die wir sonst nicht reden können. Über früher. Wie das damals war und was wir noch wissen. Natürlich über unsere Mutter. Wir reden darüber, wie es ihr immer nur ums Geld ging. Wie alles finanziell abgewogen wurde und wir rekapitulieren gemeinsam, welche Tätigkeit wieviel Mark wert war.

Wenn man von der Schule eine Eins nach Hause brachte, dann gab es dafür fünf Mark.

Note 2: drei Mark.

Note 3: Nichts.

Note 4: drei Mark zurückzahlen.

Note 5: fünf Mark zurückzahlen.

Note 6: unvorstellbar.

Vogelkäfig ausmisten: zwei Mark.

Blumen gießen: zwei Mark.

Straße kehren: drei Mark.

Auto saugen: eine Mark.

Saß ich zu offensichtlich auf der Wohnzimmer-Couch, musste ich ständig Angst haben, dass sich irgendwann meine Mutter vor mir aufbaute und fragte: „Hast du nichts zu tun?"

Mein Taschengeld abzuholen kostete mich immer Überwindung und ich stand mit einem Kloß im Hals vor ihr, wenn ich überschlug dass ich abzüglich der Vieren in Mathe und HSK noch zwei Mark bekam. Es war immer das gleiche Ritual, das ich über mich ergehen lassen musste. Mit einem schweren Seufzer legte sie die Münze in meine Handfläche, stets begleitet von dem gleichen Spruch: „Verdient hast du es ja nicht."

Es war viel einfacher, sie abzuziehen und etwas aus dem Geldbeutel herauszunehmen. Kleine Münzen, nicht zu auffällig, um dann irgendetwas zu kaufen, das nicht zu viel Aufsehen erregte und möglicherweise Fragen aufkommen ließ: Matchbox-Autos, Revell-Bausätze, Süßigkeiten. Ich hatte gelernt, nicht zu gierig zu sein, denn bei dem 20-Mark-Schein war ich zu leichtsinnig. Mein neu erworbener Propellerflieger hob nie ab, stattdessen flog ich auf. Ein Anfängerfehler, aus dem ich schnell gelernt habe. „Brille ab!", hieß es dann immer.

Wir sitzen im Café, reden über unsere schlechten Schulnoten und vergessen die Zeit. Durch die großen Fenster sehe ich, wie der nächste Regenschauer niederprasselt und der Hänger mit seinem leuchtenden Rot aus den übrigen Rädern heraus sticht.

Als ich in der dritten Klasse war, brachte ich eine Vier in Mathe nach Hause, war aber pleite. Ich musste unter Tränen so lange nachrechnen, „bis ich alles richtig habe". Ein typischer Abend, an dem alle nur noch genervt waren. Schließlich zeigte mir mein Vater einen Rechenweg, „der viel einfacher ist!"
Ich zappelte unruhig auf dem Holzstuhl mit der Sitzfläche aus Bast hin und her. An der Wand hing ein großes, düsteres Öl-Gemälde, von dem ich nie begriff, was es eigentlich abbilden sollte. „Die Spessarträuber" stand dort auf einem Schild auf dem Rahmen. Verzweifelt jammerte ich, „dass wir das so noch nicht gelernt haben!", aber nicht zu laut und bloß nicht zu aggressiv. Ich schluckte meine Wut herunter, um damit später meine Schwester zu verprügeln. Es half nichts. Zwei Stunden und etliche Wiederholungen später war alles richtig und ich konnte schriftlich dividieren, was ein Jahr später dann tatsächlich im Lehrplan vorkam und ich bis dahin schon längst wieder vergessen hatte. Nach solchen Abenden war erstmal wieder Ruhe - bis ich mit der nächsten Vier nach Hause kam. Bis dahin konnte ich weitgehend machen, was ich wollte. Mein Vater war tagsüber in Frankfurt im Büro, meine Mutter den ganzen Tag auf der Terrasse am Telefon und ging bei jedem Klingeln mit „Hallo Antenne Bayern!" ran.
„Er ist wieder streunern", hat sie dann immer gesagt, wenn ich mit den Hunden weg war oder mir das Fahrrad nahm und den Breiten Weg zum Wald hoch radelte. Bis Dornau waren es drei Kilometer den Berg hoch, den ich mit meiner Torpedo-Dreigang-Schaltung gerade so schaffte, dann drehte, um wie-

der mit vollem Tempo runter zu brettern und bei Oma und Opa Halt zu machen.

„Du warst immer viel mit dem Fahrrad weg, das weiß ich noch.", sagt meine Schwester.

Ich war nie lange zu Hause. So gut es ging, hielt ich mich bei meinen Großeltern auf, die nur einige Meter entfernt gewohnt haben. Sie hatten ein Geschäft, es war immer Betrieb. In der Werkstatt wurden die Mäntel gefertigt, im angrenzenden Laden verkauft. Oft stand der Niendorf in seinem blauen Transit im Hof und holte weitere Mäntel ab. Ein Vertreter mit dunkler, lauter Stimme und dicker Hornbrille ließ meinen Opa immer Verträge unterschreiben. Ich schimpfte immer: „Opa, das kann man ja gar nicht lesen!", wenn er seine Unterschrift unter die Verträge setzte. Dann lachte Opa immer wie Ernie aus der Sesamstraße und nahm mich dabei in den Arm. Anschließend durfte ich immer mit raus auf den Parkplatz und der Vertreter mit der Hornbrille holte aus den Tiefen seines schwarzen Mercedes eine Packung Duplo für mich heraus. Meistens bin ich direkt von der Schule zu meinen Großeltern gelaufen. Die Küche dampfte, meine Brille beschlug, während meine Oma, ganz in ihrem Element, mit dem Kochlöffel wedelte und mich mit „Hallo, mein Boy!" begrüßte. Ich durfte mich an den Tisch setzen und den Teig vom Löffel lutschen, bevor Opa aus der Werkstatt kam und es Mittagessen gab. Es war immer Trubel. Am Tisch saßen meine Schwester, Opa, Oma, mein Onkel noch mindestens zwei Verkäuferinnen und Inge aus der Werkstatt. Mein Opa feixte, weil er vorher Wetten abschloss, wie viele Pfannkuchen ich wohl diesmal schaffen würde und freute sich dann, wenn ich sogar noch mehr als erwartet in mich herein stopfte. Anschließend gingen wir zum Fußballspielen auf die Wiese. Ich gewann immer, trotz Pfannkuchenbauch. Bis Oma kam und mit „Vaddi" schimpfte, weil er doch schon längst wieder in der Werkstatt hätte sein sollen. Er lachte, sagte: „Ja doch, Muddi!", übte mit mir noch ein paar Siebenmeter, dann nahm er mich in den Arm und wir gingen ins Haus – er wieder an seine Muster, ich an meine Hausaufgaben. Bei meinen Eltern hatte ich nie Lust auf Hausaufgaben, aber dort war es schön, denn ich durfte mich dazu an den Wohnzimmertisch setzen. Nun musste ich eben auch arbeiten. Es war mein richtiges Zuhause. Mein Onkel saß immer gegenüber am Bürotisch und zählte die Kasse. Hatte ich Fragen, überlegte er kurz, dann drehte er sich zu mir um. Geduldig erklärte er mir den Auftrieb der Flugzeuge, warum Motorräder ohne Zündschlüssel nicht starten können und wie Schwerelosigkeit im Parabelflug funktioniert. Ich fühlte mich wie Robin Hood, wenn ich heimlich das Geld meiner Mutter bei ihm in die Kasse legte. Dass er ein Nazi war, interessierte mich damals noch nicht. Abends saßen wir im Wohnzimmer, Opa schnitt kleine Stückchen Butterbrot mit Tomaten aus dem Garten auf dem Schneidbrett mit den Blumenmustern. Im Fernsehen sang Peter Alexander, in der Werbung wurde auch gesungen und sie trugen riesige Wrigley`s Spearmint–Packungen unter dem Arm. Ich durfte den Schaum vom Bier trinken, denn da war ja kein Alkohol drin. Dann klingelte das grüne Telefon und mein Magen verkrampfte sich.

„Er kann wenigstens zu Hause schlafen", schallte es durch den Hörer, dann musste ich meine Jacke anziehen und über die Wiese wieder rüber laufen.

„Morgen darfst du ja wieder kommen", sagte meine Oma immer. Sie schien auch immer ein wenig traurig zu sein, gab mir einen Kuss und dann lief ich in die Nacht hinaus.

Meine Nichte packt mich an der Hand. Es hat aufgehört zu regnen. Jetzt will sie mir endlich den Spielplatz zeigen.

Am Nachmittag wird der Himmel wieder blau und ich fahre weiter Richtung Norden, während für meine Schwester und ihre Familie der Urlaub langsam beendet ist. Ein seltsames Gefühl zu wissen, dass ich mich nun immer weiter entferne und die letzte Chance vorbei ist, nicht doch einfach noch zurück zu fahren. Die Route geht westlich am Vättern vorbei. Überraschenderweise aber nicht direkt am Ufer, sondern ich habe einen Anstieg mit dreihundert Höhenmetern vor mir. Es tut gut, für die nächste halbe Stunde einmal mit voller Kraft in die Pedale zu treten. Teilweise überlege ich, Camillo an den steilsten Stücken aus dem Hänger springen zu lassen, aber der Fahrradweg und auch die Bundesstraße daneben ist mir zu hoch frequentiert. Das wäre mehr Stress, als jetzt einfach mal den Puls nach oben schießen zu lassen. Die meiste Zeit fahre ich auf der Bundesstraße. Komoot schlägt mir immer wieder einmal kurze Abzweigungen durch die angrenzenden Dörfer vor, aber ich bleibe auf der Hauptverkehrsstraße, um Kilometer zu fressen. Heute möchte ich einfach nur noch durchtreten. Ich lege meine Unterarme auf den Triathlonlenker, um dem Wind weniger Widerstand zu bieten. Es ist laut, LKWs und Oldtimer brausen an mir vorbei und geben mir durch ihren Windschatten zusätzlichen Speed. Es ist eine Mischung aus Wut und Trotz, die mich schon immer voran getrieben hat, nur dass ich diesmal mehr als nur drei Gänge habe. Ich bin kein Streuner. Unter mir höre ich, wie der Gummi auf dem Asphalt vibriert, es ist ein schönes Geräusch. Kilometer für Kilometer wird mein Kopf wieder etwas freier und meine Unruhe wird vom Westwind fortgeblasen. Ich fahre, bis es schon fast dunkel ist, erst dann biege ich bei Hjo Richtung Campingplatz ab. Exakt 100,3 Kilometer habe ich heute geschafft – ohne Extrarunde und gerade noch rechtzeitig, bevor der nächste Wolkenbruch nieder geht. Läuft bei mir!

Bis zum Nordkap sind es noch 1969 Kilometer.

Camillo braucht eine Pause. Man merkt ihm an, dass sich mittlerweile seine Begeisterung in Grenzen hält, wenn er in den Hänger hüpfen muss. Acht Tage am Stück sind wir nun gefahren. Etwa siebenhundert Kilometer habe ich hinter mir gelassen. Mir geht es körperlich zwar nach wie vor prächtig, aber es wird Zeit, wieder ein wenig meine Akkus zu laden und die Beine ruhen zu lassen. Außerdem scheint Hjo ganz schön zu sein. Im Café „Trädgården Svea" erklärt mir die Bedienung, dass Hjo zu unbekannt in Schweden sei. Deshalb kommen hier hauptsächlich deutsche Touristen und die Schweden aus der Region zu Besuch. Vom Akkordeonfestival hat sie allerdings noch nichts gehört, was mich wundert. Denn nur ein paar hundert Meter weiter liegt mein Campingplatz und dort gibt es gerade kein anderes Thema. Es geht gerade zu wie auf dem Rummel, von überall ertönt Musik, sogar Losbuden sind aufgestellt und vor fast jedem Wohnmobil sitzt mindestens ein Akkordeonspieler. Unter manchen Zelten gruppieren sich Combos mit Kontrabass-Spielern, von überall ertönt Musik. Auch die anderen Mitarbeiter im Café wissen von nichts, scheinen aber auch gerade kein wirkliches Interesse zu haben, sich damit nun intensiver zu beschäftigen. Die Chefin erklärt mir, dass sie heute Abend eine Hochzeit veranstalten und alles vorbereiten müssen, ich könne aber selbstverständlich noch bleiben. Ich fühle mich etwas unwohl und frage mich, ob sie das wirklich so freundlich meint, oder ob es ein dezenter Hinweis sein soll, dass ich langsam mal abdampfen soll. Die Frage beantwortet sich von selbst, als sie mir ein zweites Stück veganen Schokokuchen hinstellt.

„For free, enjoy!", sagt sie freundlich, tätschelt Camillo kurz-fin hund!- und geht zum Fenster, um einen Banner aufzuhängen.

Ich esse brav meinen sehr leckeren Kuchen auf, dann verabschiede ich mich und laufe weiter durch die Altstadt von Hjo. Das kleine Städtchen sieht wirklich wie ein original Drehort von Pippi Langstrumpf aus. In einem der alten Holzhäuser ist eine Apotheke. Ich hole mir eine Packung Magnesium und eine weitere Dose mit Vitamin B12-Kapseln. Bislang habe ich trotz der hohen sportlichen Belastung der letzten Tage keinerlei Beschwerden. Ich merke zwar in den Beinen, dass ich Sport gemacht habe, allerdings fühlt es sich an, wie ein ganz normaler Tag nach einer mittelmäßig intensiven Radtour. Schon beeindruckend, wozu Psyche und Körper fähig sind. Wenn man das gerne macht, was man tut, dann kann man das ewig durchziehen. Ich freue mich auf die nächsten Tage und was noch kommt. Langsam gehe ich an der Uferpromenade des Vättern entlang. Ein langer Steg führt ins Wasser und Camillo steht auffordernd am Ufer und wartet darauf, dass ich Steine werfe. Der Hund hat auch eine Meise. Die Steine selbst interessieren ihn nicht, er möchte einfach nur, dass es platscht und in die Wellen beißen. Dumm nur, wenn noch ein Finger dazwischen ist... Mein Ringfinger ist immer noch taub. Zum Glück muss ich mich damit gerade nur am Lenker festhalten. Klavierspielen könnte ich jetzt nicht. Ich setze mich auf den Steg und Camillo gesellt sich mit einem Stück Holz zu mir und bearbeitet es. Ich mache ein Foto von ihm und poste es auf Instagram. Ich scrolle etwas herunter und schaue mir die Stories meiner Kollegen an, die aktuell auf dem Schiff sind. Mir reicht schon ein kleiner Ausschnitt von der Reling und ich kann genau sagen, wo sie gerade stehen.

Anfangs war es schön da, ich habe das gerne gemacht. Natürlich ist es eine Riesensauerei, mit so einer Dreckschleuder über das Meer zu fahren, aber hey, die Bezahlung war gut und niemals hätte ich mir das alles privat leisten können! Als die ersten Engagements reinkamen, hat mir das im Sommer den Arsch gerettet. In zwei Wochen musste ich an nur zwei Abenden auftreten, ich bin tagsüber mit der Crew bei den Landausflügen mit dabei gewesen und als Gastkünstler war man der Star des Schiffs. Meine Shows liefen prächtig, ich durfte nach den ersten erfolgreichen Fahrten sogar wählen, welche Tour ich als nächstes machen möchte. Asien, Karibik, Südamerika, Spitzbergen, es war eine geile Zeit. Langsam kamen dann aber die Schattenseiten zum Vorschein. Auf so einem Schiff geht es zu wie in einer Jugendherberge. Es wird gelästert und getuschelt, man lebt am Leben vorbei, der soziale Kontakt mit Freunden zu Hause wird immer schwieriger und immer öfter wurde mir gesagt: „Dich braucht man ja gar nicht mehr fragen, du bist ja sowieso nur noch auf dem Schiff!"
Je mehr Fahrten ich machte, desto mehr wurde mir bewusst, dass die coolen Leute sich relativ schnell nach einem anderen Job umschauten und zurück blieben nur die Soziopathen und Notgeilen. Offensichtlich hatte hier jeder schon mit jedem gevögelt. Ein Offizier hatte ganz öffentlich ein Verhältnis mit einer Rezeptionistin, bis seine Frau mit den Kindern zu Besuch kam. Dann herrschte zwei Wochen Funkstille zwischen ihm und seiner Affäre und er spielte den fürsorglichen Familienpa-

pa. Nach vierzehn Tagen stand er winkend an der Reling und verabschiedete seinen Heimatbesuch, während seine Rezi zur gleichen Zeit wieder in die Offizierskabine einzog. Ein Theatermanager zeigte mir eines Abends in der Crewbar seinen Ehering mit den Worten: „Ich dachte, das sei eine Eintrittskarte! Ich dachte, dann wissen gleich alle Weiber, dass es eine einmalige Sache ist! Aber von wegen! Ich muss das Teil ausziehen, wenn ich was zum Ficken suche!"

Wie naiv ich am Anfang war. „Mensch, das ist doch irgendwie süß, wenn die Ehemänner hier mit ihren asiatischen Frauen eine Kreuzfahrt durch deren Heimat machen!", sagte ich einmal.

„Andy, du bist putzig, aber ganz so ist es nicht", sagte Michel, der Tauchlehrer und klopfte mir dabei auf die Schulter. „Die bestellen die Frauen über Katalog, holen die zu Beginn am Hafen ab und nach zwei Wochen geben sie sie wieder zurück."

Ich riss die Augen auf. Auch die anderen am Tisch verstummten und schauten betroffen. Offensichtlich war ich nicht der Einzige, der das zum ersten Mal hörte. Nur die Rezis nickten: „Hier gibt es Einen, der kommt gar nicht aus der Kabine raus. Der geht nicht mal mit ihr zum Essen, sondern bestellt alles auf die Kabine und das seit zehn Tagen."

Ekel kam in mir hoch. „Ist das überhaupt erlaubt? Damit unterstützt die Reederei doch Prostitution?"

„Rechtlich gesehen kannst du da nichts machen. Sie können sich ja von irgendwoher kennen und es wird alles vorher an Land ausgehandelt." Michel zuckte mit den Schultern. „Sind eben nur Vermutungen."

Irgendwie machte mich das wütend, ohne dass ich genau beschreiben konnte, was genau mich so wütend werden ließ. In den nächsten Tagen merkte ich auch, was mich dabei so auf die Palme brachte. Sie benutzten die Frauen tatsächlich wie minderwertige Menschen, denen man keinen Respekt zollen musste. Ich beobachtete, wie sich zwei Männer gleichen Schlags an Deck über den Weg liefen. Beide hielten dabei ihre kleinen Thailänderinnen demonstrativ fest im Arm.

„Die Luk war heute schon Hummer essen, gell Luk? Restaurant! Lecker, Lecker!"

„Ja, die Ming geht heute auch noch! Sie mag die Kartoffeln so!"

Er schaute zu ihr herunter. „Kartoffel, Ming! Kartoffel gut?"

Ming nickte und lächelte.

Sie sprachen über „ihre" Frauen, als wären sie Hunde. Ich blickte sie unverwandt und ernst an. Der „Luk-Besitzer" bemerkte meinen Blick und fing an zu stottern, dann wurde auch die Kartoffel auf mich aufmerksam. Sie schafften es nicht einmal mir in die Augen zu schauen, drehten sich unsicher weg und „gehen dann mal".

Ich werfe noch einen Stein. Das sind einfach nur schmierige, widerliche Lappen, die zu Hause nichts auf die Kette bekommen, BILD lesen, das Aquarium als Bildschirmschoner haben, aber in Thailand dann einen auf dicke Hose machen.

Natürlich gab es auch nette Menschen auf dem Schiff. Sehr viele sogar. Leider wurden es immer weniger, danke Greta! Nach und nach buchten nur noch diejenigen einen Urlaub auf dem Schiff, denen Nachhaltigkeit und Umwelt völlig egal war. CDU-Witze waren schon immer schwierig an Bord, aber als ich anfing, gegen rechte Sachsen zu schießen, hatte ich nach jedem Auftritt mindestens einen aufgebrachten Wutbürger am Autogrammtisch, der mich deswegen anging. Nirgendwo sonst habe ich so etwas erlebt. Ganz gut so, dass es mir keinen Spaß mehr machte. Die ganze Zeit habe ich mich damit entschuldigt, dass ich ja nicht der Urheber für die Umweltverschmutzung sei, sondern einfach nur der Dienstleister, der dafür bezahlt wird. „Ich kann an Land ja auch nichts dazu, wenn jemand im SUV mit fünf Liter Hubraum zu meinen Auftritten kommt", war mein Dauer-Argument. Aber irgendwie hat sich das immer schräg angefühlt.

Camillo stellt sich an einen Busch. Unfassbar, wie lange dieser Hund pinkeln kann, nachdem er Wasser geschluckt hat. Was mir aufgefallen ist: Noch nie kam ein einziger Anhänger der anderen Parteien zu mir, um sich darüber zu beschweren, dass ich über sie Witze machte. Es sind immer die Rechten und AFD-Wähler, die über meine Scherze schimpften und immer war es auf dem Schiff.

Den Höhepunkt erlebte ich aber im Bord-Restaurant im Sommer 2018. Mezut Özil verkündete gerade seinen Rücktritt von der Nationalelf, als wir durch den Prins-Christian-Sund an der Südspitze Grönlands fuhren. Eine atemberaubende Schönheit bot sich uns dar, während unser Schiff versuchte, das Treibeis zu umfahren. Die Durchfahrt zog sich über den ganzen Tag hin und durch die großen Panoramafenster erschien diese menschenleere Welt noch viel unwirklicher als von draußen an der Reling. Ein älterer Herr saß am Rundtisch neben mir und fragte mich, welches Datenpaket ich denn gekauft habe. Offensichtlich hatte er aus den Augenwinkeln heraus erkannt, dass ich online Zeitung las. In München fand gerade eine große #Ausgehetzt-Demo statt. Ich erklärte ihm, dass ich als Gastkünstler das Crew-Internet nutzen kann. Er riss die Augen auf und rief überrascht: „Sie? Ach, *Sie* sind das!"

Er dachte ja erst, ich sei ein ‚normaler' Mensch und hat mich gar nicht erkannt. Meinen Auftritt fand er eigentlich „hundertprozentig", bis zum Schluss, dann habe ich das Sachsen-Lied gespielt. Ob ich denn jemals in Sachsen gewesen wäre und wüsste was da los sei, fragte er mich. Bei ihm hörte es sich an, als würde Ostdeutschland in Trümmern liegen und die Leute sich im Kampf um die letzten verfügbaren Lebensmittel auf offener Straße massakrieren. Ich antwortete, dass ich dort regelmäßig spiele und ob er denn meinen Song bis zum Schluss gehört habe? Er nickte und fügte noch hinzu, dass es nicht okay von mir war, auch noch gegen die Bayern zu stänkern.

„Ich komme aber selbst aus Bayern", antwortete ich.

Er war zum zweiten Mal erstaunt. „Umso schlimmer!"

Die nächsten fünf Minuten versuchte ich ihm zu erklären, was Satire, Humor und Ironie ist, aber er wollte nicht zuhören. Es folgten die üblichen Tiraden über Ausländer, die vor allem in Chemnitz ja so viele Frauen bedrohen, vergewaltigen, ermorden und sich dann ins Ausland absetzen. Es folgten meine üblichen Argumente, über Pauschalisierungen, Vorurteile und Framing. Dann hatte ich keine Lust mehr auf den vorgezeichneten Verlauf unserer Diskussion und fragte ihn: „Was hat die Kreuzfahrt eigentlich gekostet?"

„5000 Euro", antwortete er stolz und fügte hinzu: „Pro Person."

„Und wovor haben Sie genau Angst? Dass jetzt ein Flüchtling kommt und Ihnen ihre Balkonkabine wegnimmt?"

Meine Frage irritierte ihn. Kleinlaut nuschelte er was von „ich habe ja gar nichts gegen Ausländer....Kriminelle....integrieren sich nicht."

Ich fragte weiter. „Nach der Wende, waren Sie da nicht glücklich, jetzt ein besseres Leben zu führen?"

Nun wurde er hektisch. „Die wollte ich nicht! Wir wollten die nicht! Uns ging`s gut vor der Wende!"

„Ach so", sagte ich. „Waren die Kreuzfahrten da besser?"

Für einen Moment schob sich seine Unterlippe vor. Er wiederholte, dass es ihnen gut ging in der DDR.

„Konnten Sie da immer ihre Meinung sagen, so wie Sie es jetzt mir gegenüber tun?"

Er nickte. „Man konnte immer seine Meinung sagen, wenn man sich gut eingefügt und zurückgehalten hat."

Er hob dabei den Zeigefinger, als würde er mich schelten wollen.

„Waren Sie mal in Hohenschönhausen im Stasi-Gefängnis? Haben Sie sich das einmal angesehen?"

Nein, da war er nie. Davon hatte er noch nie gehört.

Freundlich antwortete ich ihm, sich das doch bitte einmal anzuschauen und nahm dabei einen fast kindlichen Tonfall an, was ihm gefiel und er versuchte die Wogen zu glätten.

Es war im Juli 2018 im Prins-Christian-Sund, als ein Rassist sein Rotweinglas anhob und mit mir anstoßen wollte.

„Nichts für ungut, ich komme trotzdem zu ihrem zweiten Auftritt", sagte er großzügig.

„Nichts für ungut", antwortete ich. „Sie können gerne zu meiner Show kommen. Aber anstoßen werde ich mit Ihnen nicht."

Ich schließe Instagram wieder. Bis zu meinem Zelt sind es nur ein paar Meter und ich kann von dort auf den Vättern sehen. Ich laufe noch ein paar Schritte. Auf dem Platz sind noch mehr Musiker dazu gekommen und es ist nun vollständig ausgebucht. An der Rezeption steht ein großer Holz-Pavillon und auf der Tanzfläche haben sich zehn Akkordeonspieler unterschiedlichster Altersklassen formiert und spielen einstimmig ein schwedisches Volkslied, das wohl jeder kennt, denn die umstehenden Zuschauer summen und singen alle mit. So richtig Stimmung kommt aber nicht auf, denn Punkt 22 Uhr ist Nachtruhe. Das eigentliche Festival soll erst morgen beginnen. Schade, da bin ich schon wieder weg. Aber ein weiterer Tag Akkordeon-Gedudel wäre vielleicht auch ein Tag zu viel gewesen. Ich hole mir noch zwei Bier von der Rezeption, bevor diese schließt, mache es mir in meinem Schlafsack bequem und schaue mir den Wetterbericht an. Nicht gut. Es soll wieder regnen.

Bis zum Nordkap sind es noch 1969 Kilometer.

Meine Vorräte sind aufgefüllt, Camillo sitzt entspannt im Hänger hinter mir, ich habe endlich wieder frisch gewaschene Wäsche und die Beine wollen kurbeln. Die Straße vor mir ist leer und mein einziger Gesprächspartner taucht wieder auf: Ich. Langsam bin ich etwas genervt von mir. Mir geht ein Satz nicht mehr aus dem Kopf, den Maja und Stefan vor meiner Abreise zu mir gesagt haben: Ein wenig beneiden sie mich ja schon, dass ich das machen kann, sie sind ja gerade wegen der Kleinen etwas eingeschränkt. Aber genau darum mache ich es doch! Weil bei mir niemand da ist, wegen dem ich zu Hause bleiben müsste. Eigentlich verlief mein Beziehungsleben immer vollkommen normal. Man kommt zusammen, redet über die Zukunft, übers Zusammenziehen, über Kinder, über das Miteinander-Älter-Werden. Wann hat mein Leben eigentlich diese Abzweigung eingeschlagen, so dass ich jetzt nicht mit Frau und Kindern zu Hause sitze? Im Oktober werde ich vierzig Jahre alt. Andere in meinem Alter haben da gerade ihr Haus gebaut und die Kinder kommen bald aufs Gymnasium und was mache ich? Ich sitze auf einem Rennrad, fahre mal wieder durch strömenden Regen und ziehe in einem Kinderanhänger meinen Hund hinterher. Das ist doch total bescheuert. Wie konnte es dazu kommen? Ob Peter aus Dänemark sich etwa in seinem Hobbykeller bewusst dazu entschieden hat, dass er mit Anfang fünfzig alleine mit seinem selbstgebastelten Roller und Hund zum Nordkap fährt? Fahre ich ihm vielleicht in zehn Jahren hinterher? Irgendwie war die Begegnung gruselig, so nett Peter aus Dänemark auch war. Mir wird langsam bewusst, was ich daran so seltsam fand. Ich habe *mich* darin gesehen. Der Peter, das bin ich. Wenn mein Leben weiterhin so verläuft wie bisher, dann werde ich in zehn Jahren vermutlich auch auf dem Roller mit Camillo II durch die Gegend fahren. Vielleicht bin ich dann auch noch fit genug für das Rennrad, vielleicht habe ich dann auch schon ein E-Bike, aber die Ausgangssituation wird die gleiche sein: Ich bin ein Übriggebliebener, ein Einzelgänger. Irgendwie war ich das schon immer. Letztendlich ist ja jeder Mensch ein Einzelgänger. Die meiste Zeit des Lebens ist man mit sich alleine. Nur versucht man sich davon abzulenken, indem man den Fernseher einschaltet oder Netflix schaut. Wie viele von uns Menschen halten sich eigentlich ohne Ablenkung alleine ein paar Tage aus? Nicht einmal ich schaffe das, ich habe meinen Hund hinter mir, der mich ablenkt und mir das Gefühl gibt, nicht alleine zu sein. Ich schaue nach hinten. Da liegt er. Er ist einfach einzigartig. Einen Camillo II wird es nicht geben.

Der Regen wird heftiger. Dicke Tropfen schlagen vor mir in die Pfützen ein und verursachen Luftblasen. Es gibt keine Unterstellmöglichkeit, ich muss noch mindestens fünf Kilometer bis nach Karlsborg weiterfahren, wo ich an einer Tankstelle halten kann. Das Wasser läuft an Jacke und Hose nur so herunter, ich schwitze unter dem Regenkombi, aber die Füße bleiben trocken. Man hört es donnern und Camillo legt die Ohren an. Er ist überhaupt kein ängstlicher Hund, aber Feuerwerk und Gewitter sind seine große Schwächen und die letzten Tage hat es oft gedonnert. Ein paar schwedische Schüler laufen belustigt an uns vorbei und halten dezenten Abstand.

Warum gehe ich eigentlich davon aus, dass Peter aus Dänemark Junggeselle ist? Wie vermessen von mir zu glauben, dass er ein schrulliger, netter Einzelgänger ist! Vielleicht skyped er ja jeden Abend mit seinen fünf Kindern im Familienchat und alle sagen ihm, wie cool das ist, dass der Papa endlich mal etwas nur für sich macht. Eventuell hat ja sein Sohn die ganze Zeit mit ihm die Kabel verlötet, in einer harmonischen Vater-Sohn-Aktion und Peter hat ihm dabei versprochen, dass er den Roller dann für seine Urlaube fahren kann, sobald er den Führerschein hat und warum gehe ich verdammt nochmal davon aus, dass er das mit seinem Sohn gebastelt hat? Es könnte genau so gut seine Tochter gewesen sein, die ihm beim Verlöten half! Da halte ich mich für so weltoffen und open-minded und falle doch immer wieder auf die alten Klischees herein.

Der Regen hat aufgehört und die Sonne erobert sich langsam wieder ihren Platz zurück. Ich ziehe nur die Jacke aus und lasse Neos und Hose noch an, um mich vor dem Spritzwasser zu schützen. Der Vättern liegt nun hinter mir und die Karte zeigt mir an, dass ich bald den Tiveden-Nationalpark passiere. Die nächsten zwanzig Kilometer werde ich nur noch durch wenige kleine Ortschaften fahren. Auf der anderen Seite der Landstraße rollt mir eine zehnköpfige Reisegruppe auf Einrädern entgegen. Sie tragen Regenjacken und Wanderrucksäcke. Der Jüngste von ihnen ist vielleicht sieben Jahre alt und hat das größte Einrad. Wie kam der da hoch? Schicksal ist eine Bitch. Man glaubt immer über sein eigenes Glück bestimmen zu können, in Wirklichkeit kann man ihm nur grob eine Richtung vorgeben - in welche Richtung es dann ausschlägt, liegt nicht alleine in unserer Hand. Ich gehe meine letzten Beziehungen im Kopf durch. Irgendwas war immer, so dass es am Ende dann doch nicht gepasst hat. Es war alles dabei. Entweder hat sie völlig überraschend Schluss gemacht und ich war bitter enttäuscht oder wir haben uns einvernehmlich getrennt oder ich war Derjenige, der es beenden musste. Es gab immer einen Grund. Wie oft musste ich mir anhören, dass das doch völlig normal sei, dass es mal Spannungen gebe und man deshalb doch nicht gleich eine Beziehung beenden müsse. Stimmt auch. Man trennt sich ja auch nicht grundlos. Aber wenn man weiß, dass es nicht passt, ist es dann nicht feige, wenn man trotzdem zusammen bleibt? Blockiert man sich dann nicht selbst und steht seinem eigentlichen Glück im Weg? Vielleicht habe ich meine Seelenverwandte einfach noch nicht gefunden, vielleicht dauert es bei mir etwas länger und ich habe nicht so viel Glück wie andere, die ihre große Liebe bereits in jungen Jahren bei der Bad-Taste-Party in der Küche getroffen haben? Vielleicht schlägt irgendwann meine Abzweigung wieder auf die ursprüngliche Hauptstraße ein. Dann sitze ich als Familienältester am Tischende und meine Enkel fragen mich: „Bist du wirklich mal mit dem Fahrrad zum Nordkap gefahren? Warum hast du nicht den Zug genommen?"

Neben mir hält ein roter Volvo 740, eine ältere Dame kurbelt mit der Hand die Scheibe herunter, ruft mir mit einem Lächeln auf Schwedisch zu, wie schön es doch ist, wenn man den Hund mitnehmen kann und zeigt auf Camillo. Ja, mit dem Hund habe ich Glück gehabt. Mit dem Wetter habe ich auf dieser Reise leider weniger Glück. Es fängt wieder an zu regnen. Ich halte an einem Steg, Instagram zeigt mir an, dass ich meinen Kaffee gerade an der „Forsviks Bruk" trinke.

Camillo will gar nicht aus dem Hänger raus, sondern rollt sich möglichst eng ein, penibel darauf bedacht, dass kein Körperteil heraus hängt und nass wird. Drei Angler parken ihr Auto am Wegrand, holen ihre Angeln aus dem Kofferraum und laufen mit ihren quietschenden Gummistiefeln grußlos an mir vorbei. Am Ende des Stegs lassen sie ihre Haken ins Wasser und warten darauf, dass etwas anbeißt. Ich schaue mir die drei Gestalten einen Moment an, während ich an meinem heißen Kaffee nippe. Nicht alle Schweden sind also hübsch. Ihr Angelversuch dauert nur so lange, bis ich meine Tasse leer habe, dann trotten sie wieder erfolglos an mir vorbei und steigen ins Auto. Für eine halbe Minute starren sie zu mir rüber, scheinen irgendetwas zu reden und fahren davon. Es ist ein unangenehmer kalter Nieselregen und ich überlege, ob es nicht vielleicht besser ist, einfach weiter zu radeln, anstatt hier auszukühlen.

Es ist nicht die körperliche Anstrengung, die mich müde werden lässt, sondern dieser verfickte Regen. Mir wäre es lieber, wenn es einen kompletten Tag regnen würde und dann ist wieder drei Tage lang alles gut. Diese kurzen, aber heftigen Wolkenbrüche schlagen tierisch auf die Psyche. Es ist unmöglich, eine Tagesetappe wirklich zu planen. Die Schauer sind wie kleine Nadelstiche, die mich langsam fertig machen und ausbluten lassen. Wie soll ich mich darauf einstellen, wenn selbst meine Wetter-App vollkommen überfordert mit einer zuverlässigen Vorhersage ist? Was bringt eine Angabe von zwanzig Prozent Regenwahrscheinlichkeit, wenn mir genau diese zwanzig Prozent den ganzen Tag folgen und sich über mich ergießen? Der Regen lässt nach. Ich atme tief durch. Ich kann es nicht ändern, also muss ich es ertragen. Es gibt weiß Gott Schlimmeres. Ich bin in Schweden. Ich bin gesund. Ich schütte meinen Kaffeebecher aus, in dem sich nur noch Regenwasser gesammelt hat und steige auf.

Es wird kühler. Die Sonne lässt sich heute nicht mehr blicken und die Nässe kriecht durch meine Kleidung. Ich kurbel schneller, um mich aufzuwärmen. Aber stattdessen wird die Luft nur kühler. Ich habe heute erst 45 Kilometer geschafft, viel zu wenig, aber ich möchte nur noch irgendwo ins Trockene. Meine Sehnsucht nach einer warmen Hütte wird größer, als mir ein Schild zeigt, dass gleich rechts ein Campingplatz liegt. Ich überlege nicht lange, sondern biege sofort ab. An der Rezeption muss ich einen Moment warten, dann läuft eine ältere Dame mit einem Telefon in der Hand zu mir. Eine Hütte hat sie keine mehr frei, aber ich könnte einen Campingwagen für eine Nacht mieten. Der würde auch nur vierhundert Kronen kosten. Ich zögere etwas. Die Vorstellung, mich in einen fremden Campingwagen zu legen, ist irgendwie seltsam und hat für mich den Hauch von Straßenstrich. Ich möchte ihn mir erst einmal anschauen und sie führt mich hin.

„This one!", sagt sie und zeigt mit dem Finger an, wo meine Übernachtungsmöglichkeit angeblich stehen soll. Ungläubig starre ich ihrem Zeigefinger nach, um mich zu vergewissern, ob ich wirklich in die richtige Richtung sehe. Vor mir steht ein quadratischer Klumpen, dessen Wand sich wie ein Pappkarton wellt. Fast die Hälfte ist mit Moos überdeckt und man gewinnt den Eindruck, dass sich hier die Natur schon wieder einen Großteil zurückgeholt hat. Ein Fenster ist rundum mit Paketkleber abisoliert und über der rostigen Deichsel steht in schwarzen, halb zerfledderten Druckbuchstaben: „K aus".

„No", sage ich nur und drehe mich um.

Sie hat wohl an meiner Reaktion gemerkt, dass ich definitiv kein Interesse habe und wünscht mir einen schönen Tag. Dann telefoniert sie wieder. Ich fahre weiter. So kalt kann mir gar nicht werden, bis ich mich freiwillig in so ein Bumsloch lege und dafür auch noch umgerechnet vierzig Euro zahlen soll. Zehn Minuten später bereue ich es schon wieder. Es ist kalt, richtig scheiße kalt. Ich trete dickere Gänge, die mich dazu zwingen, mehr Muskelkraft zu verwenden und tatsächlich wird mir wenigstens ein bisschen wärmer. Camillo gibt keinen Ton von sich. Am Campingplatz habe ich ihn einmal kurz laufen lassen, aber er scheint heute auch kein großes Interesse auf Bewegung zu haben. Ich fahre einen Berg hoch, der Wald wird dichter. Zum Glück wird es auch trockener. Ist das schön hier. An einer Lichtung kann ich über das Land sehen und vor mir glitzert der Unden im Abendlicht. Der Regen heute war echt zum Kotzen, aber diese unfassbare Aussicht entschädigt schon wieder für die heutigen Strapazen. Weit hinten ziehen dicke Gewitterwolken vorbei und ein Schwarm Wildgänse fliegt am Horizont. Schon krass Klischee, aber es ist einfach wunderschön. Zwei Harley-Fahrer kommen mir entgegen, grüßen mich und tuckern an mir vorbei. Ich lasse mich die Serpentinen abwärts rollen, während mich ein metallic-blauer 50er Chevrolet überholt und blubbernd Gas gibt. Ich habe gar nicht mehr das Gefühl in Schweden zu sein. Ich könnte jetzt auch durch Kanada radeln. Am Fuße des Hangs ist mir wieder kalt. Völlig durchgefroren komme ich am nächsten Campingplatz an und diesmal habe ich Glück. Wir werden von einem gemütlichen Berner Sennenhund begrüßt, der freundlich auf das Camillobil zuwackelt.

„Frida!", ruft die Chefin ihre Hündin zurück, um mich gleich mit einem freundlichen „Guten Abend, du bist deutsch?", zu begrüßen.

Überrascht schaue ich sie an und grüße zurück.

„Wir haben viele Deutsche da, da bekommt man eine` Blick dafür", sagt sie und lächelt.

Eine einzige Hütte hat sie noch frei. Ohne Heizung, ohne Strom. Aber ich kann mich im Gemeinschaftsraum aufwärmen und dort auch meine Wäsche trocknen. 35 Euro muss ich zahlen. „Schnäppchen!", sage ich. „Wo anders bekommt man für 40 Euro nur einen durchgebumsten Wohnwagen von „K aus".

Die Hütte ist klein und gemütlich. Zwei einzelne Betten, ein Tisch, zwei Stühle, fertig. Selbstverständlich mit Veranda. Eine Öllampe, Camillo und ich reichen völlig aus, um das kleine Stübchen aufzuwärmen. Camillo darf bei mir im Bett schlafen, damit wir uns gegenseitig ein wenig wärmen können. Die Chefin hat mir empfohlen, mir noch unbedingt den Sonnenuntergang am See anzuschauen, aber ich habe zu lange heiß geduscht und bin auch viel zu müde, um noch spazieren zu gehen. Ich war heute genug draußen. Camillo schnarcht schon, während ich meinen Wecker stelle. Irgendwie scheint ihn die Reise diesmal auch ein wenig fertiger als sonst zu machen. Dabei haben wir heute nur 69 Kilometer geschafft. Wäre die Landschaft nicht so unfassbar schön, ich wäre vermutlich höchst deprimiert über diesen Regentag. So bin ich aber nur angenehm erschöpft und glücklich darüber, dass ich heute doch noch eine kleine Campinghütte mit Schwedenflagge vor der Tür gefunden habe.

Bis zum Nordkap sind es noch 1901 Kilometer.

TAG 12

Heute zählt es! Ich bin ausgeschlafen, frisch gewaschen, wieder aufgetankt und die Wettervorhersage sagt einen sonnigen, warmen Tag voraus! Ein wenig regnet es noch am Vormittag, während ich im Gemeinschaftsraum warte. Ich schreibe mit Elin und Robin, die sich bereits auf unser Kommen freuen. Dann, endlich, kommt die versprochene Sonne heraus und ich starte. Die Straßen sind noch nass und ein langer Faden Spritzwasser fliegt über das Camillobil. Bis Nora sind es 110 Kilometer, aber die will ich heute auf jeden Fall schaffen. Ich liege etwas in meinem Zeitplan zurück, das gute Wetter heute sollte auf jeden Fall genutzt werden und ich feuere meinen Tacho an. Die Bäume fliegen nur so an uns vorbei und ich muss mich in meinem Elan ein wenig bremsen, denn von den heutigen siebenhundert Höhenmeter fallen alleine fünfhundert auf die letzten vier Kilometer. Die Grafik des Anstiegs ist beeindruckend, ein richtiger, kleiner Berg. Keine Ahnung, wie ich das mit meinem Gespann packen soll und ob ich das überhaupt durchstehen kann. Es ist eine erste Vorbereitung auf die Berge, die mich in Finnland und Norwegen noch erwarten.

Zwölf Kilometer habe ich geschafft. Zwölf. Dann stehe ich unter einer leerstehenden, einsamen Garage und warte, bis es wieder aufhört zu regnen. Ach, fick dich, Schweden. Das ist doch echt zum Kotzen. Ich will fahren, ich zappele mit den Beinen und möchte einfach nur kurbeln! Ich beiße vor Wut in mein Trikot. Dann ist der Zipper vom Reißverschluss ab. Du Depp, Sauerwein... Ich habe bis Mittag gewartet, bis ich gestartet bin! Weil ich davon ausgegangen bin, dass das Wetter besser wird und ich den ganzen Tag in der Sonne fahren kann. Stattdessen warte ich wieder. Kurz überlege ich, trotzdem zu fahren, aber dann müsste ich mich in meinen Regenkombi packen und fange darunter an zu dampfen. Wenn keine Sonne rauskommt, kann ich anschließend die Regensachen nicht mehr ausziehen, da die kurze verschwitze Kleidung darunter nicht trocken wird. Also müsste ich über einhundert Kilometer in meiner eigenen Suppe weiterfahren.

„Langsam geht mir das echt auf den Sack", sage ich zu Camillo, der mich mit großen Augen anschaut. Ich habe den Eindruck, dass es ihm genau so geht. Er war gestern schon sehr ruhig. Wenn ich daran denke, wie verspielt er noch im dänischen Wald war und mir dabei geholfen hat, das Holz für unser Lagerfeuer klein zu machen. Am Hundigen-Strand ist er wie ein kleiner Welpe entlang gefetzt und auch die ersten Tage in Schweden war er, bis auf die Dünnschiss-Aktion, noch freudig dabei. Nun scheint es ihn langsam zu langweilen. Eine halbe Stunde müssen wir warten, dann können wir endlich wieder weiter. Der Nationalpark ist eine Pracht. Das Moos dampft vom Regen, die Sonne glitzert im See, in dem riesige Steine, vom Nebel umhüllt, auf dem Wasser zu schweben scheinen. Auf einem der Steine wächst ein Nadelbaum empor und bietet einem Troll Schatten, der sich darunter räkelt, auf seine Angel starrt und darauf wartet, dass ein Fisch anbeißt. Okay, das mit dem Troll ist gelogen, würde aber ins Bild passen. Es ist eine zauberhafte Landschaft. Der Regen macht schon Sinn, es würden sonst gar nicht so viele Farbspiele entstehen, wie mir gerade angeboten werden. Die Straße wird einsamer, es kommt kaum noch ein Auto vorbei. Die Sonne kämpft gegen die kühle Luft an, aber sobald der

Wald dichter wird, merkt man bereits den Herbst, der im Norden viel früher kommt. Ein silberner Porsche 911 fährt an mir vorbei. So einen hatte ich auch einmal.

Sie hat ihn einfach weggeworfen. Ein paar Tage zuvor hatte sie ihn mir erst geschenkt, als sie von einer Geschäftsreise aus Wien zurück kam. Dann war er plötzlich weg. Ich hatte ihn „Ferdi" getauft, weil er ja von Ferdinand Porsche gebaut wurde. Irgendwann wollte ich mir einmal einen Echten kaufen. Dann, wenn ich groß bin. Oma hat mir dafür immer einen Pfennig gegeben, wenn ich für sie Milch bei der Hiltrud geholt habe. Sie warf ihn für mich in ein leeres Senfglas. „Für deinen Porsche", sagte sie immer, strich mir über den Kopf und schenkte mir dann ein Glas von der frischen Milch ein. Am liebsten trank ich sie aber bereits auf dem Rückweg heimlich aus der Kanne. Da schmeckte sie am besten.

Dann war mein Ferdi plötzlich wieder weg. Obwohl ich so auf ihn aufpasste und darauf achtete, dass er nicht auf dem Boden lag. Sie hatte mir vorher schon angedroht, dass sie bald meinen ganzen Saustall in den Container wirft, wenn ich nicht mein Zimmer endlich aufräumen würde. Ich habe nicht sofort gemerkt, dass er weg war. Mir fiel zuerst auf, dass die Carrerabahn verschwunden war. Meine Vierspur-Carrera-Bahn mit Looping -weg. Die letzten Tage war ich damit beschäftigt, die Acht um meinen Eiffelturm zu legen, den ich aus Büchern aufgebaut hatte. Ferdi stellte ich dazu in das Regal, damit er mit seinen großen Augen zuschauen konnte. Erst dann fiel mir auf, dass auch das Regal leer war. Wenn ich zu Oma ging, lief ich jedesmal am Container vorbei. Die Handwerker waren mit der Garage schon fast fertig und der Schuttberg wurde immer höher. Ich hätte mich nur kurz hoch stemmen müssen, um nachzusehen, ob da zwischen den Trümmern irgendwo mein Ferdi und die Carrerabahn lagen. Aber dann hätte ich es gesehen. Dann hätte ich auch gewusst, dass sie es wirklich getan hatte. Dass es nicht nur eine Drohung war, um mich dazu zu bringen, mein Zimmer aufzuräumen, dass sie tatsächlich so gemein war. Ich lief so lange vorbei, bis nach ein paar Tagen ein neuer Container dastand und ich nicht mehr darüber nachdenken musste. Gut so. Einfach nicht mehr darüber nachdenken. Ich weiß gar nicht mehr, was ich gerade angestellt hatte, als sie mich in meinem Zimmer gerade wieder anschrie. Wir standen direkt neben dem Regal. Genau an der Stelle, wo jetzt eine Lücke auf dem Boden war. Es kamen die üblichen Beschimpfungen, was ich für ein Esel sei. Dann setzte sie aber nach: „Und deine Carrerabahn, die habe ich auch weggeworfen. Das hast du nicht einmal gemerkt, oder? Die habe ich in den Container geworfen und du hast es in deinem Saustall nicht einmal gemerkt, dass dir etwas fehlt!"

Die Tränen kamen einfach so, ich konnte nichts mehr sehen, es fiel alles in mir zusammen und gleichzeitig wurde ich hemmungslos wütend und ich traute mich tatsächlich zu schreien: „Dooooooooch!"

Es war ein langes O, in das ich meine ganze Verzweiflung, Traurigkeit und Wut hineinlegte, dann prügelte sie mich auf den Boden.

„Was fällt dir ein, mich anzuschreien? Ich bin immerhin noch deine Mutter!"

Ich sagte nichts mehr.

Noch lange höre ich das typische, tiefe Brummen des 911er Motors. Ich wünsche mir immer noch einen Porsche. Keine Ahnung, warum. Ich versuche umweltbewusst zu leben, kaufe mir immer nur sparsame Autos, aber Porsche fand ich schon immer geil. Mein Ferdi war silber, mittlerweile stehe ich aber mehr auf rot. Ein roter Porsche Carrera 911 aus den 80ern mit Fuchs-Felgen und einem riesigen Proll-Spoiler. Irgendwo hat ein Teil vom kleinen Andy in mir überlebt.

Ich hätte darauf antworten sollen, warum ich sie anschrie und was ich von ihr als Mutter hielt. Ich war so nahe dran. Ich hätte einfach weiter schreien sollen: „Du bist nicht meine Mutter! Was bist du denn für eine Mutter? Du schlägst und brüllst nur! Du kannst nicht meine Mutter sein! Meine richtige Mutter wäre nie so gemein zu mir! Meine richtige Mutter ist nämlich lieb und das bist du nicht! Du kannst nicht meine Mutter sein!"

Stattdessen wimmerte ich es anschließend nur vor mich hin, als sie schon längst gegangen war und ich noch auf dem Boden lag. Erst ein paar Wochen zuvor hatte ich einen großen Fehler gemacht. Eine Frau hatte an der Tür geklingelt und wollte eine Tagescreme kaufen. Mama hatte gesagt, wenn so etwas vorkommt, dann sollen wir einfach auf die Liste im Regal schauen, was sie kostet und sie ihr dann geben. Stolz hatte ich das Geld auf den Tisch gelegt, als sie vom Supermarkt zurückkam. Sie wurde blass und stutzte nur. „Auf welche Liste hast du denn geschaut?", fragte sie und in ihrer Stimme war das drohende Unheil bereits deutlich zu hören.

„Auf die Liste auf der *Einkaufen* steht, sie hat doch eingekauft?", fragte ich schüchtern.

„Du hast ihr die Creme zum Einkaufspreis verkauft?", ihre Stimme hob an.

Ich nickte. Das war doch nur logisch. Noch immer habe ich nicht verstanden, was ich falsch gemacht hatte. Sie brüllte mich an und schickte mich auf mein Zimmer, nicht ohne mir noch zu sagen, was ich für ein Rindvieh sei. Ich verstand nichts und mit dickem Kloß ging ich die knarzende Treppe hoch. Von unten hörte ich, wie sie wieder telefonierte. Das machte sie immer, wenn sie wütend war.

„So ein Idiot! So ein Depp! Wie kann man zu blöd sein, von der richtigen Liste zu lesen? Andreas!", sie brüllte die Treppe hoch.

Wie ein geschundener Hund schlich ich wieder aus meinem Zimmer und stellte mich vor die erste Stufe. Wenn ich mich jetzt einfach vornüber kippen ließ, dann müsste sie mit ansehen, wie ich die Stufen runter stürzte. Sie würde sehen, wie ich mir den Kiefer aufschlage, mir das Genick brach und ich würde direkt vor ihr tot zum Liegen kommen. Dann würde sie vielleicht weinen und ihr würde alles leid tun. Aber dann wäre Oma traurig.

„Weißt du den Namen der Frau? Hast du ihn dir gemerkt?" Ich schüttelte langsam nur den Kopf und wusste, dass auch diese Antwort falsch war.

„Du bist so ein blöder Idiot! Du bist so ein Esel!"
Sie drehte sich weg und schimpfte weiter ins Telefon.

Wenn sie auf mich einprügelte, dann belegte sie mich mit den immer gleichen Schimpfwörtern und fragte dabei, was mir einfiele, sie so zu behandeln. Wie gerne hätte ich ihr dann gesagt, was mir dazu einfiel. Aber ich hatte Angst. Es hätte etwas verändert und ich wusste nicht, ob es dann besser geworden wäre. Wenn ich mich dann in den Schlaf weinte, versuchte ich mich immer selbst zu beruhigen und zu trösten. Sie war nicht meine richtige Mutter. Sie wurde vertauscht. Irgendwann war mir auch klar, wann und wie das passiert sein musste: Es ist geschehen, als sie sich die Haare abgeschnitten hatte. Vor langer Zeit hatte ich nämlich noch eine liebe Mutter. Sie hatte gelacht, mich am Morgen mit einem Kuss begrüßt, wenn ich noch schlaftrunken in die Küche getapst bin und mir meine Flasche mit Kaba in die Hand gedrückt. Dann habe ich mich damit auf die Couch mit den vielen Farben gelegt und den warmen Kaba getrunken. Es war schön und ich fühlte mich geliebt.

Irgendwann kam sie vom Friseur zurück. Mit großen Augen schaute ich sie an. „Mama? Deine Haare!"

Sie lachte und schaute verlegen zur Seite. Es muss da passiert sein. Sie wurde anders. Sie hatte weniger gelacht. Es gab keinen Kuss mehr, keinen Kaba mehr. Ich sollte plötzlich Mittagsschlaf machen, obwohl ich das doch nie gemacht hatte. Wenn ich sie rief, dann stöhnte sie auf, riss eine Fratze und äffte: „Mama! Mama, immer nur Mama!"

Sie war plötzlich anders. Bestimmt hat diese Frau damals meine richtige Mutter mit den langen Haaren entführt und sich nun für sie ausgegeben. Meine richtige Mutter hätte mich nie so beleidigt und verprügelt. Ich stellte mir vor, wie ich eine Zeitmaschine bastelte und an den Tag zurück reiste, an dem sie zum Friseur ging. Ich hätte sie beschützt und die falsche Mutter einfach weg geschubst, wenn sie hinter der Mauer auf uns lauerte. Dann wäre sie einfach explodiert und hätte sich in Luft aufgelöst.

Wenn ich abends im Bett lag, weinte und davon müde wurde, dann hörte ich auf meinem Ohr immer langsame und gleichmäßige Schritte. Ich konzentrierte mich darauf und lauschte. Das war der Riese, der auf dem Weg zu mir war und mich bald abholte. Dann würde er mich tragen und wieder zurück zu meiner richtigen Mutter bringen. Er musste dafür einen sehr langen Weg zurück legen, weil meine Mutter sehr weit weg war, an einem sicheren Ort. Aber jeden Abend konnte ich seine beständigen Schritte hören, wenn ich mein Ohr nur fest genug auf das Kissen presste, damit ich alle anderen Geräusche ausblenden konnte. Er war auf dem Weg zu mir, ließ sich nicht beirren, machte keine Pause und lief und lief und lief. Ich musste nur lange genug durchhalten, dann würde er mich endlich zu meiner richtigen Mutter bringen und dann war alles gut. Wenn man vorher verprügelt wird und den ganzen Abend weint, dann ist man erschöpft und der Schlaf ein Trost. Leider hat mich der Riese nie abgeholt.

Ich rechne kurz nach, während ich vor einem Supermarkt meine Schoko-Hafermilch trinke. Die Carrerabahn hatte ich zu meinem zehnten Geburtstag im Oktober von meinem Nazi-Onkel bekommen. Ich war zehn, als ich im September ins Internat musste. Die Baustelle vor unserem Haus fand also genau in dieser Zwischenzeit statt. Es war eines der schlimmsten Jahre für mich. Ich musste von meinem großen Zimmer in das kleine Zimmer ziehen, weil ich ja keine Ordnung hielt. Kurz darauf war ich nur noch alle zwei Wochen zu Hause.
Ein älterer Schwede mit lichtem Haar grüßt mich und fragt, wie alt mein Hund sei. Wir kommen ins Gespräch und er erzählt mir, dass er selbst Rennradler sei. Ein schönes Bike hät-

te ich da. Wohin ich denn fahre. Ich zeige ihm auf der Karte, dass ich heute noch bis nach Nora möchte. Dass ich bis zum Nordkap fahren möchte, sage ich ihm nicht, weil dann der Gesprächsverlauf zu vorhersehbar wäre. Wie denn meine Route sei, fragt er nett. Ich zeige ihm den Berg, den ich noch vor mir habe. Er reißt die Augen auf und schüttelt ungläubig den Kopf. Die Straße sei momentan eine Schotterstraße, sagt er mir. Mit dem Hänger würde ich da kaum hochkommen. Er empfiehlt mir eine andere Route. Genau so lange, aber wesentlich flacher und asphaltiert. Er überlegt kurz. Es ist nicht weit, bis zu seinem Haus, er hat dort seine Landkarten und könnte sie holen. Ich lächle. So ein lieber Mensch. Ich beruhige ihn und zeige ihm, dass ich seine Routenempfehlung bereits auf dem Handy eingespeichert habe. Geduldig lässt er sich mein Navi erklären und vergewissert sich, dass ich auch wirklich die richtige Route ohne Berg programmiert habe. Dann wünscht er mir noch einen schönen Tag und fährt mit seinem Rad, das er direkt neben mir geparkt hat, davon. Was für ein liebenswürdiger Mann. Ich schaue ihm noch nach, wie er kräftig davon tritt, da hält schon der nächste Kleinwagen auf dem Parkplatz. Diesmal ist es ein schwedisches Rentnerpärchen, die sofort fragen, ob sie ein Foto machen dürfen. „Von mir oder von dem Hund?", frage ich scherzhaft auf Englisch.

„Vom Hund natürlich!", antwortet der Mann und ich trete verdutzt zur Seite.

Dann lacht er laut los. Selbstverständlich auch von mir, das sei nur ein Scherz gewesen. Sie fragen mich über Camillo aus und ob sie ihn streicheln dürfen. Sie haben selbst einen Hund, aber der würde niemals so brav hinten drin liegen bleiben. Eine Blumenverkäuferin gesellt sich dazu und spricht mich auf Deutsch an. Nach und nach gibt es einen Menschenauflauf und ich habe das Gefühl, dass ich nie wieder loskomme, wenn ich jetzt noch weiter stehenbleibe. Ich verabschiede mich, die Blumenverkäuferin steckt uns eine kleine Rose an den Hänger und lächelt.

„Ist Geschenk", sagt sie und wünscht uns eine gute Fahrt.

Ich fahre weiter. Glücklich. Es sind diese Art von Begegnungen, für die es sich lohnt, auch mal schlechtes Wetter zu ertragen. Auf dem Weg nach Nora kommen mir jede Menge Fahrradfahrer entgegen. Offensichtlich hat mir der nette Mann tatsächlich eine beliebte Radstrecke empfohlen. Ein Rennradfahrer überholt mich, lächelt mich an und gibt mir für den nächsten kurzen Anstieg Windschatten. Dann hebt er den Arm zum Gruß und fährt zügig weiter. Kurz vor Nora muss ich noch einmal zehn Kilometer eine viel befahrene Straße entlang fahren, die einen gemäßigten Anstieg aufweist, dann biege ich auf einen schmalen, asphaltierten Weg ab. Unter mir liegt Nora, in der Provinz Örebrö, direkt am See Norasjön gelegen. Von weitem sieht man schon die Kirchturmspitze, die sich deutlich von den alten Holzhäusern absetzt. Ich musste einen Umweg in Kauf nehmen, aber Robin und Elin scheinen wirklich sympathisch zu sein, so dass ich mir einen Besuch nicht entgehen lassen wollte. Ich mache ein Foto von der Aussicht, während ein US-Straßenkreuzer in mattschwarz und mit aufgerissener Anlage an mir vorbeifährt. Die Blume an meinem Hänger ist weg. Elin schreibt mir, dass sie gerade spazieren waren und auf dem Weg nach Hause sind. Sie freuen sich, mich bald persönlich kennen zu lernen. Ich biege in ihre Straße ein und sehe vor mir ein junges Pärchen, das einen Kinderwagen schiebt. Sie winken. Nach 109 Kilometern komme ich heute an meinem Ziel an.

Bis zum Nordkap sind es noch 1807 Kilometer.

Robin ist bereits wieder zur Arbeit in das Rehazentrum gefahren, als ich am Morgen in die Küche komme. Baby Heli begrüßt mich lächelnd mit einer Möhre in der Hand, die sie mir bereitwillig anbietet. Elin entschuldigt sich für die Unordnung, aber sie sind gerade erst in das Haus gezogen, als schon der Nachwuchs kam und seitdem kommen sie überhaupt nicht dazu, das Haus weiter zu renovieren. Nur für die Küchenmöbel hat sie immer wieder mal Zeit und malt sie bunt an, wenn Heli schläft. Mir macht die Unordnung nichts aus und ich beiße von Helis Möhre ab. Ich beruhige Elin, dass ihr das sicher nicht peinlich sein muss und sage ihr, dass ich es mag, wenn Menschen so authentisch sind.

Dank Couchsurfing hat man einen Einblick in das echte Leben und lernt so ein Land viel besser kennen. Das Profil von Robin und Elin hat mich sofort angesprochen. Eine junge, weltoffene Familie, die gerne und bereitwillig in ihrem großen Haus Gästen eine Unterkunft anbieten. Wir haben am Vorabend noch lange bei einer Brokkoli-Suppe zusammen gesessen und viel voneinander gelernt. Robin war es bislang nicht bewusst, dass hier so viele amerikanische Straßenkreuzer fahren. Jetzt erst, als ich ihn danach gefragt habe, fällt ihm auf, dass es hier eine große Rockabilly-Community gibt, die sich regelmäßig in den entsprechenden Bars trifft. Auffallend ist auch, dass dieses Hobby mehr von der älteren Nachkriegsgeneration betrieben wird und die Jüngeren damit wenig in Berührung kommen. Ältere Schweden haben eine sentimentale Beziehung zu den 50ern in den USA. Sie feiern Elvis Presley, polieren ihre Oldsmobile im Garten und cruisen an den Feiertagen quer durchs Land, während unsere Nachkriegsgeneration in Deutschland den Fokus auf ganz andere Dinge legte.

Es regnet schon wieder sehr heftig und so habe ich einen guten Grund, noch ein wenig die Gastfreundschaft zu genießen. Elin bietet mir an, noch eine Nacht zu bleiben, aber ich sage freundlich ab. Sobald das Wetter ein wenig besser wird, möchte ich auf jeden Fall noch ein Stück weiterfahren. So lange es regnet, bleibe ich gerne auf der Veranda sitze. Der Hauskater Puma gesellt sich dazu. Irgendwo muss es noch eine zweite Katze namens Tiger geben, aber die ist sofort abgezischt, als sie Camillo gesehen hat. Puma ist da anders. Er sitzt auf dem Geländer der Veranda und schaut Camillo interessiert dabei zu, wie er sich ihm langsam nähert. Kommt er zu nahe, macht Puma einen kurzen Buckel und sofort macht Camillo wieder zwei Schritte zurück. So geht das nun schon eine halbe Stunde. Wir sitzen da, trinken Kaffee und schauen diesem Spiel zu, bis Heli das Procedere jäh unterbricht und Puma umarmen will. Er springt so schnell in das angrenzende Gebüsch, dass Camillo in der ersten Sekunde nur staunen kann, dann fängt er an sich zu beklagen, dass sein Katzenkumpel weg ist. Elin lacht und tröstet Camillo mit einem Leckerli.

Wir verlassen das Haus. Sie schließen ihre Haustüre nie ab, warum auch, erklärt mir Elin. Wenn Einbrecher in ihr Haus möchten, dann würden sie ja ohnehin reinkommen. Lieber sollen sie da gleich die Haustüre nehmen, anstatt ein Fenster zu beschädigen. Außerdem müssten sie dann erst aufräumen, bevor sie etwas finden und dann lacht Elin. Wir laufen durch den Nieselregen, ich sitze auf dem Rad und rolle langsam neben ihnen her. Heli singt im Kinderwagen und winkt immer wieder zu Camillo rüber, der im Hänger hinter mir kauert. Wir laufen in die Altstadt und sie zeigt mir ihr Lieblingscafé. Hinter dem Tresen wird sie freudig begrüßt und Heli bekommt einen frisch gebackenen Keks. Sie stellt mich als einen Freund aus Deutschland vor, der zu Besuch ist und ich freue mich, dass sie mich „Freund" nennt. Freundlich klären sie mich über ihre veganen Kuchen auf, während Heli sich am Stand fleißig selbst bedient und Schoko-Godis in sich hineinstopft. Elin lacht, als sie es bemerkt und nimmt das glucksende Baby mit zum nächsten Tisch und legt beim Vorbeigehen noch einen Schein für das geklaute Naschwerk auf den Tresen. Die Dame hinter dem Tresen winkt ab, sie sagen etwas auf Schwedisch, worüber alle lachen. Dann wendet sie sich die Verkäuferin zu mir und sagt, dass damit mein Kaffee bezahlt sei. Wir sitzen am Tisch, Heli läuft in ihrer dicken Regenhose und den Gummistiefeln von Tisch zu Tisch und bekommt überall ein nettes Wort gesagt. Der Raum füllt sich im kleinen Café und immer wieder kommen Bekannte zu uns, die Elin begrüßen und sie kurz umarmen. Elin bleibt immer freundlich und ruhig. Wenn ich mir nicht sicher wäre, dass sie heute keinen Dübel geraucht hat, würde ich sagen, dass sie bekifft ist. Sie erzählt mir, dass sie eine Ausbildung zur Yoga-Lehrerin gemacht habe. Mit Robin möchte sie bald ein gemeinsames Projekt realisieren und eine kleine Yoga-Schule aufmachen, in der man sich auch von Robin massieren lassen kann.

„Die Konkurrenz ist groß, mittlerweile ist ja jede Mutter in Elternzeit plötzlich auch Yogalehrerin", sagt sie in perfektem Englisch.

Ich grinse. Ja, das stimmt allerdings. Das haben Schweden und Deutsche wohl gemeinsam. Ein Mann kommt in das Café. Er hat Heli unter dem Arm und fragt wem das Baby gehört, es lief draußen herum. Elin winkt, er stellt sie ab und sie antwortet gelassen mit einem „Tack."

Er nickt nur kurz, dann geht er wieder raus. Ich frage sie, ob sie keine Angst um ihr Kind habe. Sie lächelt. Nein. Wo soll sie denn schon groß hinlaufen? Eine knappe Stunde sitzen wir zusammen, während es draußen immer noch nieselt, dann läuft Elin zurück zum Haus. Heli wird bald ihren Mittagsschlaf halten und dann möchte sie die Zeit nutzen, um noch die Küche weiter zu streichen. Wir umarmen uns ganz herzlich und versprechen, in Kontakt zu bleiben. Zehn Minuten später habe ich eine Benachrichtigung auf meinem Handy, dass Elin mich bereits auf dem Portal bewertet hat und mich jederzeit wieder aufnehmen würde. Ich würde auch jederzeit wieder kommen. Rentner mit Wanderstöcken laufen am Fenster vorbei. Im Hintergrund läuft leise Ella Fitzgerald.

Ich warte noch bis vierzehn Uhr, dann macht der Regen eine kurze Pause und ich fahre weiter. Robin hat mir einen Umweg empfohlen, um den „steilsten Berg Örebros" zu umfahren. Selbst sein Auto würde die Steigung kaum schaffen, was mich dazu veranlasst, auf ihn zu hören. Wenn mir jeden Tag ein Einheimischer empfiehlt, wie ich die Berge umfahren kann, dann komme ich vielleicht noch ohne größere Strapazen zum Nordkap. Eine halbe Stunde später fängt es wieder an zu regnen. Dann ist das eben so. Vorsorglich hatte ich schon meine Regenjacke angezogen und fahre weiter. Warum soll ich mich weiterhin über Dinge aufregen, die ich ohnehin nicht ändern kann. Hört es auf zu regnen, wenn ich mich aufrege? Nein. Bleibt es weiterhin sonnig, wenn ich darum bitte? Nein. Ich beachte die Regenwahrscheinlichkeit meiner Wettervorhersage nicht mehr, da es nichts über die Wahrscheinlichkeit sagt, ob es bei mir regnet. Da ich es nicht ändern kann, wird es mir egal. Es fängt an zu regnen, wenn ich gewartet habe, bis der Regen aufhört und gerade losfahren will. Es fängt an zu regnen, wenn ich gewartet habe, bis alles wieder vollständig getrocknet ist. Wenn ich losfahre, während der Regen schwächer wird, dann wird er wieder stärker. Es hört auf zu regnen, wenn ich es aufgebe, heute noch weit zu fahren, mein Zelt aufbaue und es fängt wieder an, wenn ich mir mein Essen draußen kochen will. Während der vergangenen zwölf Tage hat es an nur vier Tagen kein einziges Mal geregnet. Rege ich mich deshalb noch auf? Nein, nicht mehr. Ich kann es nicht ändern und übe mich in Demut. Irgendwann kommt wieder besseres Wetter. Irgendwann.

Es wird kalt und die Nässe kommt durch die Schuhe. Nasse Füße. Nicht gut... und ich habe heute erst dreißig Kilometer geschafft. Ich halte am Ortsrand von Lindesberg. Auf dem See tuckert ein altes kleines Schiff mit monotonem Motorengeräusch parallel am Ufer entlang. Ich schaue in mein Navi. Macht es noch Sinn, heute weiter zu fahren? Neben mir hält ein alter Volvo mit Sportauspuff. Ein junger, schlaksiger Typ mit Schildkappe steigt aus und läuft aufgeregt auf mich zu. Er fragt mich sofort auf Englisch, ob er ein Foto machen darf. Das sehe total cool aus, wie wir da so fahren. Ich bin damit einverstanden, aber nur wenn ich ihn auch fotografieren darf. Er nickt, gibt mir die Hand und stellt sich als Hampus vor. Wir kommen ins Gespräch und er gibt mir nach seinem Foto bereitwillig Auskunft über den nächsten Streckenabschnitt: Nur

Wald und ein paar kleine Seen. Bis zur nächsten größeren Ortschaft nach Fagersta sind es sechzig Kilometer immer die Landstraße entlang. Ich bedanke mich, dann fährt Hampus in seinem getunten Volvo, dessen Motor die ganze Zeit im Hintergrund lief, wieder weiter. Ich radel noch ein paar Kilometer bis zum Campingplatz von Gusselby. Die Pfützen sind mittlerweile riesig, meine Schuhe komplett durchnässt. Zwei Teenager in Jogginghose sitzen hinter der Rezeption und sagen mir, dass alle Hütten heute nacht ausgebucht sind, da eine größere Gruppe dort einen Geburtstag feiert. Mir bleibt nur der Zeltplatz. Dafür habe ich diesen aber komplett für mich alleine und bin direkt am See. Während ich das Zelt aufbaue, tuckert wieder das gleiche alte Schiff an mir vorbei. Offenbar gibt es zwischen den beiden Seen von Lindesberg und Gusselby einen Kanal, der diese miteinander verbindet.

Die Feuerstelle ist komplett durchnässt, aber während ich meinem Gaskocher auf dem Holztisch am Ufer bediene, kommt tatsächlich noch einmal die Sonne heraus. Zum ersten Mal heute. Als meine Bratlinge fertig sind, fängt es wieder an zu regnen und der aufkommende Wind weht meinen Müll quer über den Platz. Camillo sitzt unter der Bank und hat keinerlei Motivation, die auf dem Boden liegende Verpackung zu untersuchen und nach Essensresten zu schauen. Da sitzen wir also im Regen und teilen uns das letzte schwedische Toastbrot.

Bis zum Nordkap sind es noch 1783 Kilometer.

TAG 14

Ich bin in einem Zelt, es ist stockdunkel, der Regen hämmert auf das Polyester. So laut, dass an Schlaf nicht mehr zu denken ist. Es donnert, Camillo krabbelt ängstlich zu mir und steckt seinen Kopf unter meine Achsel. Ich grinse. Dunkelheit ist doch schön. Wenn man selbst nichts sieht, dann heißt das, dass man selbst auch nicht gesehen wird. Ich fühle mich wohl, da wo ich jetzt bin.

Ich muss sieben oder acht Jahre alt gewesen sein, als mich meine Mutter in den Keller sperrte. Es war eine kleine Abstellkammer unter der Treppe, in der sich alte Schuhe, ein Camping- und zwei Katzenklos befunden haben.

„Wenn du auf Klo musst, dann kannst du ja da in das Campingklo pinkeln!", sagte sie noch, dann warf sie die Tür zu und man hörte, wie sie den Schlüssel umdrehte. Dann schaltete sie das Licht aus und ging weg. Es war dunkel, aber ich hatte keine Angst. Ich war wütend. Ich wollte mich nicht einfach aus dem Weg räumen lassen, als wäre ich nicht hier. Keine Ahnung, wie lange ich dort eingesperrt war. Es können zehn Minuten gewesen sein, es kann eine Stunde gewesen sein. Den Geruch, bestehend aus einer Mischung aus Katzenklo und Schweißfüßen, habe ich immer noch in der Nase. Im YPS stand einmal unter den *Tipps für Detektive*, wie man eine verschlossene Tür auf bekommt, wenn der Schlüssel von innen noch steckte. Man muss ein Stück Papier unten durch den Schlitz schieben, mit einem Stift den Schlüssel aus dem Schloss stochern, so dass er auf das Papier fällt und dann kann man ihn zu sich ziehen. Leider gab es im Raum nur Katzenstreu und alte Schuhe. Im Dunkeln konnte ich einen Besenstiel erfühlen. Ich griff danach und hämmerte ihn in gleichmäßigem Rhythmus gegen die Tür.

„Tock! Tock! Tock!"

Sie sollte ruhig hören, dass ich noch lebe. Ich war nicht unsichtbar geworden. Es hallte durch den großen Keller, so dass sie mein Klopfen auch von oben hören musste. Die Tür zur Treppe ging mit einem lauten Quietschen auf und sie schrie herunter, ich solle damit aufhören, sonst bliebe ich nur länger eingesperrt. Ich hörte auf. Sie wusste jetzt, dass ich immer noch da war.

In den kommenden sechs Jahren wusste sie das nicht mehr. Wenn ich alle zwei Wochen vom Alo nach Hause kam, sah sie mich mit erstaunten Augen an, während sie aus dem Bad kam und gerade ihre Hose wieder hochzog.

„Ach, du bist ja dieses Wochenende hier?", fragte sie erstaunt, dann drehte sie sich um und ging weiter in das Schlafzimmer, um sich umzuziehen. Stumm stand ich mit meinen Taschen und Schmutzwäsche im Flur. Langsam wurde mir klar, dass ich für sie einfach nur eine unerträgliche Last war. Der Abstand zu ihr hatte auch mir gut getan, um zu begreifen, was eigentlich schief lief.

„Er hat von Anfang an immer nur Ärger gemacht", sagte sie gerne und spielte dabei auf die Komplikationen und den Kaiserschnitt bei meiner Geburt an. Während sie sich mit meiner Schwester identifizieren konnte, war ich der Sohn, der einfach nicht so sein wollte, wie sie es gerne hätte.

„Als du auf die Welt gekommen ist, war ich gerade mal 21! Ich war noch viel zu jung!"

Ich war wütend. So wütend, wie ich es immer war, wenn Joey und Sushi wegen ihrer Hautfarbe angegangen wurden.

„Das ist ein Bub!", verteidigte mich meine Oma immer vor ihr. Oma war oft traurig, wenn sich ihre Tochter wieder über mich aufregte. Fünf Jahre hatte sie mich ins Ballett geschickt und erst im Internat traute ich mich irgendwann zu sagen, dass ich keine Geige mehr spielen wollte, dass es mir nie gefallen hatte und ich lieber nur beim Klavierspielen bleiben möchte. Das Drama war perfekt. Sie schrie, heulte und betitelte mich als undankbar. Aber diesmal musste ich es nur ein Wochenende aushalten und vierzehn Tage später wurde darüber nicht mehr gesprochen. Ich war weg für sie. Sechs Jahre lang.

Dann plötzlich war ich wieder da und sechzehn Jahre alt. Ich ließ mich nicht mehr anbrüllen und beleidigen. Einmal noch versuchte sie mir eine Ohrfeige zu geben, doch als ihre Hand niederging, hielt ich dagegen und ihr Schlag streifte an meinem Arm ab. Mit aufgerissenen Augen schaute sie mich an. „Du wagst es, mich zu schlagen? Du schlägst mich?" Ich schaute sie wütend an. Wie oft hatte sie mich geschlagen? Es war mir egal, wie sie das auslegte, sie sollte einfach nur noch aufhören damit. Ich ließ mich nicht mehr schlagen. Ich ließ mich auch nicht mehr beleidigen. In der Schule hatte ich gelernt, dass man Konflikte auch anders lösen kann. Durch ein klärendes Gespräch. Indem man seinem Gegenüber sagt, was es in einem auslöst, wenn man nur beleidigt und angeschrien wird.

„Ich war fünfzehn Jahre mit dieser Frau verheiratet. Du musst ihr erst sagen, was dich stört und dann sagen, was sie gut macht. Dann wieder sagen, was dich stört, dann aber gleich wieder ein Kompliment. Vergiss nicht, auch eigene Fehler einzugestehen!", sagte mein Papa.

Mein Versuch endete im Supergau. Zuvor hatte ich ihr lange erklärt, was mich belastete. Dass es nicht schön ist, immer angeschrien zu werden. Dass ich dankbar war, für alles, was sie für mich getan hatte, aber wenn sie etwas an mir stört, dass sie das bitte rechtzeitig kommuniziere. Dass Anschreien und Beleidigen keine Lösung sei, sondern ich mir ein klärendes Gespräch wünschte. „Wir haben beide Fehler gemacht, aber vielleicht sollten wir uns jetzt überlegen, wie wir künftig miteinander auskommen, anstatt uns immer nur Vorwürfe zu machen", sagte ich zu ihr und wartete ihre Reaktion ab.

Sie zitterte, hyperventilierte und dann plötzlich wurde sie lauter und lauter. Es war so schräg, so unwirklich, dass ich dabei den Start einer Ariane-Rakete vor Augen hatte. Sie brüllte am Stück, wurde dabei immer lauter, stampfte zweimal mit dem Fuß auf den Boden, dann rannte sie ins Schlafzimmer, knallte die Tür hinter sich zu, ein Bild krachte von der Wand und das Glas splitterte. Man hörte, wie sie in das Kissen schrie und nicht mehr aufhörte. Ich stand ungläubig vor der Tür und fühlte mich einfach nur leer. Der Boden schwankte, mir kam alles einfach nur noch unrealistisch vor. Ihr Mann baute sich neben mir auf. „Siehst du jetzt, was du angerichtet hast, du kleines Arschloch? Verpiss dich doch endlich!"

Ich drehte mich wie ferngesteuert um und ging wieder die knarzende Treppe nach oben. Von unten hörte ich, wie ihr Mann auf sie einsprach, als wäre sie ein kleines Kind, das sich gerade den Kopf angeschlagen hat. Danach waren alle Türen im Haus abgeschlossen. Ich musste um Erlaubnis fragen, wenn ich in die Küche wollte und mir den Schlüssel bei ihr abholen, den sie im Nachtkästchen neben ihrem Bett gebunkert hatte. Ich stahl ihn, sperrte die Küche auf und warf ihn beim Wandertag in einen Mülleimer am Frankfurter Bahnhof. Wenn er weg war, dann konnten sie mich auch nicht dazu zwingen, ihn wieder zurück zu geben, ganz egal, wie schlimm es werden sollte und es wurde schlimm. Als ich zurück kam stand er mit einem Besenstiel in der Hand da und versuchte mich aus dem Hof zurück auf die Straße zu schieben, indem er immer wieder den Holzgriff gegen meinen Brustkorb schlug.

„Na los, kleines Ärschelchen, rück` den Schlüssel wieder raus!", sagte er und grinste dabei.

Meine Schwester stand daneben und weinte, er solle damit aufhören.

„Ich hab` ihn weggeworfen", sagte ich und versuchte mir nicht anzumerken zu lassen, dass ich keine Luft mehr bekam, da er mein Zwerchfell getroffen hatte.

„Rück` den Schlüssel raus, du kleines Arschloch!", wiederholte er.

„Den kannst du dir in Frankfurt aus dem Mülleimer ziehen!"

Ich konnte nur noch flüstern, denn seine Stöße wurden fester. Seine Zunge presste sich an seine Oberlippe.

„Aufhören!", brüllte meine Schwester jetzt und weinte heftig. Von der anderen Straßenseite trat ein Nachbar auf den Balkon.

„Verpiss dich endlich von hier!", zischte er mir ins Ohr, dann kehrte er weiter und versuchte mir noch ein Bein zu stellen, während ich an ihm vorbeilief.

Das Zelt wird hell. Mein Handy leuchtet auf. Robin und Elin haben mein Foto von ihnen geliked und einen netten Kommentar hinterlassen. Dann wird es wieder dunkel.

Telefonieren durfte ich auch nicht mehr. Als ein Freund im Krankenhaus lag, habe ich es trotzdem gemacht. Meine Schwester hatte dazu das Telefon aus dem Wohnzimmer geschmuggelt, in das ich nicht mehr gehen durfte. Ich schloss die Tür ab, rief Üli an und erkundigte mich nach ihm. Blinddarmdurchbruch. Es war knapp. Ein Schlauch steckte noch in seinem Bauch, um den übrigen Eiter abzulassen. Es hämmerte an der Tür und meine Mutter verlangte das Telefon zurück. „Gleich!", antwortete ich.
Ich hörte, wie sie meine Schwester ausfragte, warum ich das Telefon habe.
„Er hat danach gefragt?", antwortete sie in einer Gegenfrage.
Meine Mutter brüllte noch einmal, ich solle sofort das Telefon hergeben. Ich reagierte nicht und fragte Üli, wie lange er noch im Krankenhaus bleiben müsse. Die Treppe knarzte. Er kam hoch.
„Geh` mal zur Seite!", hörte ich ihn sagen, dann machte die Tür plötzlich einen Bogen nach innen. Dreimal musste er sich dagegen werfen, dann krachte sie auf. Meine Schwester brüllte, weinte und stand hilflos im Hintergrund. „Was machst du da, bist du verrückt? Hört sofort auf damit!"
Er kam näher und streckte die Hand aus. Üli war noch dran, ich hörte seine Stimme durch das Telefon.
„Rück sofort das Telefon raus oder es passiert was!", sagte er in einem Tonfall, als wäre alles nur ein schlechter Actionfilm.

Ich legte es in seine Hand, er zog diese sofort zurück, dann schob sich seine Rechte nach vorne, zur Faust geballt, direkt unter mein Kinn und drückte es nach oben. Ich hielt mit dem Kopf dagegen. Ich zitterte, war wütend, schnaufte, sagte nichts.

„Das nächste Mal schlage ich dich k.o.", sagte er, dann ließ er ab und lief langsam wieder aus meinem Zimmer. Hätte er doch nur zugeschlagen. Dann hätten es alle gesehen. Dann hätte endlich mal jemand gesehen, was hier los ist.

Eine Stunde später saß oben auf der ersten Stufe der Treppe und lauschte, was sie sagten. Sie ließen die Tür zum Bad immer auf. Sie putzte die Zähne. Er kackte.

„Der hat von Anfang an nur Ärger gemacht.", sagte sie.

„Hm."

„Der ist ganz genau wie sein Vater."

„Ja, das merkt man."

„Manchmal habe ich das Gefühl, er macht das alles nur, um mich zu ärgern. Das ist irgendwie sein großes Ziel. Mich so lange zu nerven, bis ich nicht mehr kann."

Er spülte kurz.

„Weißt du was?"

Es war kurz still.

„Was?" fragte er und rupfte am Klopapier.

„Am liebsten wäre es mir, ihm würde etwas passieren."

Es war kurz still. Er seufzte.

„Das sollte man zwar keinem wünschen, aber...", er seufzte noch einmal, „..aber ich denke es auch."

Er spülte noch einmal, dann gingen sie in das Schlafzimmer.

„Hast du die Katzen rausgelassen?", fragte sie ihn. Ein Kopfkissen wurde aufgeschüttelt.

„Den E.T. habe ich vorhin raus gelassen, die anderen waren schon draußen."

Sie legten sich ins Bett. Jemand knipste das Licht aus. Sie waren kurz ruhig.

„Der hat von Anfang an nur Probleme gemacht."

Ich wartete noch fünf Minuten, aber sie sagten nichts mehr. Ich schlich mich in mein Zimmer zurück. Die Treppe knarzte kurz. Sie murmelten etwas, dann war es wieder ruhig. Ich schloss leise meine Tür von der lange Holzsplitter ab standen und die ich jetzt nicht mehr abschließen konnte. Das war der Moment, in dem ich nicht mehr wütend war. Von nun an hatte ich Angst um mein Leben.

Plötzlich hört der Regen auf, als hätte jemand einen Schalter dafür gefunden. Camillo zieht seinen Kopf aus meiner Achsel zurück und legt sich an mein Fußende. Gerade war er noch ein Häuflein Elend, das Angst vor dem Donnergrollen hatte, Jetzt tut er wieder cool und bleibt auf Abstand. „Keine Sorge Digger", sage ich, „Was im Zelt passiert, bleibt im Zelt."

Ich kann bis zehn Uhr vormittags durchschlafen, bevor der Wind an der Zeltwand rüttelt. Heute soll es also nicht regnen, sondern stürmen. Ich grinse. Ist doch mal eine Abwechslung. Die Teenie-Mädchen in der Rezeption haben die Jogginghosen getauscht und begrüßen mich freundlich und zurückhaltend. Für heute hätten sie wieder eine Stuga frei. Ich bleibe. Mein Zelt, meine Klamotten, meine Socken, alles ist noch nass. Weiterfahren macht einfach keinen Sinn. Also lege ich heute meinen zweiten Ruhetag ein. Ich ziehe in meine Stuga ein und bin angenehm überrascht. Es gibt sogar eine Kochnische, eine Heizung und von der Veranda aus kann man direkt auf den See blicken. Camillo tobt sich aus und seit langem hat er mal wieder richtig Spaß an unserer Reise. Vergessen ist das Gewitter, die langen Fahrten im Regen und Puma, der ihm das Herz gebrochen hat. Ich aktualisiere den Reiseblog auf meiner Homepage und schneide lustige Regenvideos, die ich auf Instagram hochlade. Nachdem Camillo sich ausgetobt hat, lasse ich ihn in der warmen Hütte zurück, um einmal nur mit dem Rennrad zum Supermarkt in Lindesberg zu fahren. Ich komme mir plötzlich unfassbar schnell vor und die Steigungen vom Vortag sprinte ich hoch, ohne mich überhaupt anzustrengen. Die Rückfahrt dagegen ist schon schwieriger. Ich jongliere die Einkaufstüte in einer Hand, der Rucksack mit den Mariestad-Dosen drückt mir in den Rücken. Der Finger ist immer noch taub, aber in ein paar Wochen werde ich sicher nichts mehr spüren. Es fängt wieder heftig an zu regnen und ich bin ein weiteres Mal komplett durchnässt, bis ich wieder an meiner Stuga ankomme. Ich muss lachen. Alter, hat mich das durchgespült! Ich necke Camillo, indem ich meine nassen Haare an seiner Nase reibe, was er voll uncool findet und mein Gesicht mit seiner Pfote wegdrückt. Sie riecht nach Popcorn. Ich versuche, rein zu beißen, doch Camillo ist schneller und setzt sich zur Wehr.   Eine Sekunde später liegen wir auf dem Boden und prügeln uns laut. Wenn jetzt jemand von außen an unserer Hütte vorbeiläuft, wird er denken, dass ein wild gewordener Hund sein laut lachendes Herrchen zerfleischt.

Eine weitere warme Dusche später liege ich wieder frisch getrocknet in meiner Hütte am See, während draußen der Regen lange Striche auf das Fenster malt. Ist das schön hier. Meine Schwester ruft an. Unsere Mutter hat meinen heutigen

Artikel über die Geschichte im Keller zugespielt bekommen, den ich hochgeladen habe. Sie sei „not amused."

„War zu erwarten", sage ich und balanciere meine Bierdose auf dem Bauch. Es seien zwei Fehler drin. Sie habe den Gerichtsprozess gewonnen und außerdem habe sie mich eigenhändig vom Internat abgemeldet. Ich überlege kurz, ob ich mir überhaupt die Mühe machen soll, darauf zu antworten.

„Naja, sie hatte ja keine Wahl, das Alo hat der Papa freiwillig noch bezahlt, bis es einfach keinen Sinn mehr gemacht hat, aber...."

Meine Schwester fällt mir ins Wort. „Naja, wenn das das Einzige ist, was sie dazu zu sagen hat."

„Eben", sage ich. Sie wird es nie begreifen und ich bin es leid, mir darüber noch Gedanken zu machen. Ich habe gerade so gar keinen Bock, mich damit noch zu befassen. Dann reden wir über das Wetter und wie es ihnen geht. Sie sind wieder gut zuhause angekommen. Der Kleinen hat es wahnsinnig gut gefallen und sie erzählt kurz dem Onkel Andy am Telefon, was sie noch alles gesehen haben und dass es schön mit mir am Spielplatz war. Schweden ist einfach ein Kinderparadies. Dann legen wir auf. Ich öffne die zweite Dose. Irgendwie bin ich in Feierlaune. Wie vollkommen egal mir das gerade ist, wie sie darüber denkt. Ich fühle mich befreit. Unfassbar befreit. Mir kann keiner mehr was. Es ist mir egal, was sie über mich denkt. Ich habe auch keine Lust mehr, auf die Befindlichkeiten anderer Rücksicht zu nehmen, ob mein Artikel jetzt jemanden schadet oder nicht. Das ist mein Leben. Meine Geschichte. Die lasse ich mir nicht verbieten. Nie mehr.

Als ich achtzehn war, standen wir uns zum dritten Verhandlungstermin vor Gericht gegenüber. Nachdem ich zu meinem Vater gezogen war, versuchte meine Mutter mich für unmündig zu erklären, um keinen Unterhalt zahlen zu müssen. Es war die rechtlich einzige Möglichkeit. Die Gründe dafür mussten aber stark genug sein, dass ein Richter ein so seltenes Urteil fällt. Sie gab alles, um es zu erwirken. Dafür behauptete sie, dass ich drogensüchtig und gewalttätig sei. Ich hätte sie verprügelt. Ihr Mann sei dazwischen gegangen, um Schlimmeres zu verhindern. Sogar das Internat musste ich angeblich verlassen, weil ich so untragbar geworden sei. Meine Anwältin und ich legten Gutachten und Zeugnisse der Schule vor. Sogar Pater Robert hatte sich dazu bereit erklärt, ein Schreiben auszustellen, indem er alles klar stellte und ihre Behauptungen widerlegte. Dafür bin ich noch einmal ins Alo gefahren. Wir saßen im Sprechzimmer, in dem ich Jahre zuvor bei meinem ersten Besuch war, als mich meine Eltern dort anmeldeten. Ich erzählte ihm alles. Stumm hörte er sich meine ganze Geschichte an, unterbrach mich kein einziges Mal und stellte keine Fragen. Als ich damit endete, dass ich von ihm eine Bestätigung brauche, nicht aus dem Alo geflogen zu sein, nickte er nur kurz und entschuldigte sich. Eine halbe Stunde lang saß ich in diesem Zimmer und schaute mir das Blumengemälde an der Wand an. Zwei Jahre hatte ich in diesem Raum Geigenunterricht. Immer wieder die gleichen langweiligen Etüden. Ich atmete die Luft ein, es stieg wieder das gleiche bedrückende Gefühl in mir hoch. Dann ging die Tür wieder auf und Pater Robert legte einen Zettel auf den Tisch.

„Gut so?", fragte er nur.

Ich las den Text durch und musste schlucken. In den ersten Zeilen standen ein paar Daten, wann ich in das Alo kam, aus welchen Gründen und ab wann ich wieder abgemeldet wurde. Dann kamen die entscheidenden Zeilen.

Die Abmeldung erfolgte auf eigenen Wunsch, um seine musischen Fähigkeiten weiterhin zu verbessern. Zu keinem Zeitpunkt bestand Anlass, dass Andreas das Aloysianum verlassen musste. Andreas wurde gelegentlich gerügt, sein Verhalten war aber völlig im Rahmen eines pubertierenden Heranwachsenden. Er hätte sein Talent nicht so weiter entwickelt, wenn er auf dem Aloysianum geblieben wäre. Dies konnte von uns in diesem Umfang leider nicht gefördert werden und sein aktueller Besuch auf dem musischen Gymnasium beweist, dass es die richtige Entscheidung war. gez. Pater Robert B.

Ein wenig war ich gerührt. Ich wollte damals unbedingt in einer Band spielen, der Proberaum war nur zweihundert Meter entfernt. Pater Robert und die Fröhlich erlaubten es nicht. Nur, wenn mein Vater mich abholen würde, ich damit unter seiner Aufsicht stünde und er mich nach der Probe wieder bringen würde.

„So ein Quatsch!", sagte daraufhin mein Vater. „Warum soll ich denn hundert Kilometer von der Arbeit aus Frankfurt herfahren, um dich dann die zweihundert Meter zum Proberaum zu bringen? Ich denke, es ist Zeit, dich abzumelden."

Niemals hätte ich erwartet, dass sie nun zugeben würden, dass es die richtige Entscheidung war und ich außerhalb des Internats besser gefördert wurde. Es war aber nicht der Brief von Pater Robert, der den Richter beeindruckte. Es waren die

Fotos meiner eingeschlagenen Zimmertür, die meine Mutter aus der Fassung brachte.

„Das war ein Fehler! Das habe ich gleich gesagt!", versuchte sie zu beschwichtigen, als meine Anwältin die Fotos auf das Richterpult legte.

Ihre Anwältin schaute erst etwas erstaunt, dann seufzte sie. Meine Mutter verstrickte sich weiter in Falschaussagen und Widersprüche. In weniger als einer Minute war ihr ganzes Lügenkonstrukt zusammengefallen und ihre eigene Anwältin raunzte sie an, sie solle endlich die Klappe halten. Meine Mutter hatte wirklich an all das geglaubt, was sie über mich behauptet hatte und in keinster Weise die Schuld bei sich gesehen. Für einen kurzen Moment saß sie völlig verwirrt da und ihr ganzes Weltbild geriet ins Wanken. In diesem Moment hatte ich wirklich Mitleid mit meiner Mutter. Meine Anwältin bat um eine Unterbrechung und nahm mich mit vor die Tür in einen Nebenraum. Kurz atmete sie durch und schien noch einmal alles auf sich wirken zu lassen. Sie war Mutter von drei Kindern und im siebten Monat schwanger.

„Also Andy, pass` auf. Wir könnten jetzt weitermachen. Dann ruft sie ihren Mann in den Verhandlungsraum und der wird als Zeuge gegen dich aussagen. Dann wird es vermutlich weitere Verhandlungen mit weiteren Zeugen geben: Deine Großeltern, deine Schwester...das wird schlimm. Oder wir beenden das jetzt. Wir haben sie jetzt soweit, dass wir uns auf einen Vergleich einigen könnten. Dann ist das vorbei."

Wir schauten beide aus dem Fenster heraus. Fast zwei Jahre ging dieser Prozess jetzt schon. Gutachten, Vertagungen, Anhörungen, neue Verhandlungen und immer wieder neue Briefe von der Kanzlei meiner Mutter, in der ich als drogensüchtiger Teenager bezeichnet wurde, der sich zu Hause wie ein „Pascha" aufgeführt und meiner Mutter ständig nur Befehle erteilt hätte. Sie behaupteten, dass es blanker Hohn sei, dass nun ihr Sohn sie auch noch auf Unterhalt verklage, nachdem sie so lange unter mir gelitten habe.

„Ich bin einverstanden mit einem Vergleich."

Wir einigten uns auf einen minimalen Betrag, den sie nachzahlen musste. Für die letzten sechzehn Monate, seitdem ich nicht mehr bei ihr wohnte, musste sie pro Monat hundert Mark bezahlen. Im Grunde genommen war mir die Höhe egal, es hätte auch nur ein Euro sein können. Aber ich wollte, dass sie auf dem Kontoauszug sah, dass sie einen Sohn hatte, der sich nicht einfach so aus dem Weg räumen ließ, den man nicht einfach ausradieren konnte, als wäre er nie da gewesen und den man nicht einfach anschreien und beleidigen konnte, um dann einen Tag später so zu tun, als wäre alles in bester Ordnung. Darin war sie immer gut. Vor allen Leuten so zu tun, als wären wir eine heile, glückliche Familie und sie die aufopfernde Mutter, die alles für ihre Kinder tat. Die Fehler lagen immer nur bei den Anderen, sie hielt sich für absolut perfekt. Nur dieser eine Moment, in dem ihre eigene Anwältin sie zurecht wies, da bekam ihre Maske einen Riss. Wir einigten uns darauf, dass ich bis zu meinem Abitur keine weiteren Unterhaltsforderungen mehr stellte. Sollte ich ein Studium beginnen, dann könnte man alles wieder aufrollen. Als es soweit war und ich an die Uni ging, war mir klar, dass ich das nicht mehr machen wollte. Mir ging es besser ohne sie. Sie hatte beschlossen, keine Mutter mehr für mich zu sein – dann bleibt sie es für immer.

„Darauf ein Prost!", sage ich zu Camillo, der nicht einmal den Kopf hebt, sondern regungslos vor der Heizung liegt und blinzelt.

Ich trinke einen ordentlichen Schluck. Ich bin schon echt ein krasser Typ. Liege faul auf meinem Bett und betrinke mich mit alkoholfreiem Dosenbier aus Schweden.

Heute rieche ich Menschen mit Narzisstischer Persönlichkeitsstörung zehn Meter gegen den Wind. Sie halten sich für unfehlbar, wanzen sich an einen heran und wollen die unbedingte Bestätigung von einem, dass sie etwas ganz Besonderes sind. Wenn man das erst einmal durchschaut, dann macht das tatsächlich ein wenig Spaß, ihnen demonstrativ zu zeigen, wie sehr sie einen langweilen und wie sie davon immer frustrierter werden.

Der Regen von draußen wird schwächer und klingt, als würde er langsam müde werden. Ich habe lange gebraucht, um zu verstehen, dass ich kein schlimmes Kind war. Ich habe mittlerweile die gleiche Anzahl an Jahren ohne meine Mutter verbracht, wie vorher mit und muss sagen: die zweite Hälfte gefällt mir wesentlich besser.

Schilder-Johnny ruft an. „Digger, wie geht`s dir? Ich hab` gerade deinen jüngsten Post gelesen..."

Wir reden kurz, mir geht's prima. Im Hintergrund höre ich Leute.

„Wir grillen gerade an unserem Fluss, Mann. Du fehlst!"

Wann ich gedenke, wieder nach Hause zu kommen, fragt er.

„Ich bin noch nicht am Nordkap", antworte ich und lache.

„Krasser Typ, du", sagt er, dann muss er auflegen, weil sie das Schlauchboot an die Brücke binden wollen. Ich lächle vor mich hin. Gut, dass ich endlich aus meiner alten Wohnung raus bin.

Man kann sich seine Familie nicht aussuchen, aber man kann sich von ihr trennen, auch wenn es Mut kostet und nicht einfach ist. Über zwanzig Jahre habe ich schon keinen Kontakt mehr zu ihr. Wenn ich mit Oma über sie rede, dann erwähne ich sie immer bei ihrem Vornamen, denn „Mama" kann ich sie schon lange nicht mehr nennen. Ob ich deshalb auch so lange alleine leben wollte? Wegen der ganzen Internats-Scheiße und des Psycho-Terrors zu Hause? Vermutlich, ja, sogar sehr wahrscheinlich. Lange Zeit wollte ich einfach nur meine Ruhe haben. Gut, dass ich jetzt in eine WG gezogen bin. Das hätte ich mir früher nie vorstellen können. Die letzten Monate in meinem neuen Zuhause haben mich sehr glücklich werden lassen. So viel gelacht habe ich schon lange nicht mehr. Als wäre ein Schleier von meinen Augen gefallen. Ich sehe die Welt endlich wieder klar. Es ist schön im neuen Haus. Die Leute dort sind nett. Fast fühlt es sich wie Familie an.

Natürlich regnet es wieder. Aber ich habe Rückenwind. Der Hänger bietet eine gute Angriffsfläche, so dass ich die Steigungen förmlich hochgeschoben werde. Zwanzig Kilometer schaffe ich so über die Hügel und genieße die Aussicht auf die noch kommenden Wälder vor mir. Dann fängt es an zu nieseln. Ich halte kurz an einer Koppel und ziehe meine Regenjacke über. Neben mir galoppieren Pferde wild auf und ab und scheinen zu spielen. Sie nehmen keine Notiz von uns. Ein Pferd steigt auf und wiehert, es herrscht große Unruhe unter ihnen. Ich grinse. Vielleicht nähert sich ja ein Erdbeben?

Ich fahre nicht lange weiter, da hört es auch schon wieder auf zu regnen. Also schnell raus aus der Regenjacke. Ich muss lachen über dieses An-Aus-Spiel, das mich nun schon seit vierzehn Tagen begleitet. Einen Kilometer schaffe ich noch, dann schüttet jemand einen Eimer Wasser über mich aus. Der Regen kommt so schnell und heftig, dass ich nicht mehr reagieren kann. Im gleichen Moment blitzt und donnert es auch schon. Durch die Wälder konnte ich die dunklen Wolken nicht sehen, durch meine Fahrgeräusche das herannahende Unheil nicht hören. Ich lehne mein Rad an einen Leitpfosten und versuche das Verdeck im Hänger zu schließen. Camillo ist ebenfalls bereits klatschnass, unter ihm bilden sich Pfützen, er steht förmlich im Wasser und trippelt unruhig mit den Pfoten hin und her. Der Regen wird lauter, ich habe das Gefühl unter einer Dusche zu stehen, mir entweicht ein verzweifelter Schrei. Kurzerhand packe ich meine Regensachen, lasse mein Gespann am Straßenrand stehen und renne mit

Camillo in den Wald hinein. Aber ich habe Pech. Die Bäume stehen zu weit auseinander. Die kahlen Stämme der Kiefern bieten keinerlei Schutz. Wir zwängen uns unter eine kleine, vertrocknete Tanne, die uns aber kaum vor dem Wasser schützt. Es fließt auf uns, als würden wir unter einem Wasserhahn stehen. Camillo zwängt sich an den Stamm und legt die Ohren an. Da stehen wir nun mitten im Wald und trotzdem werden wir klatschnass. Meine Regenjacke und die Hose fühlen sich an, als hätte ich einfach nur Waschlappen an meinen Körper gepresst. Ich versuche irgendwie mein Handy zu schützen und bete, dass die wasserdichte Hülle auch wirklich wasserdicht ist. Nach zwanzig Minuten lässt dieses Monster von Unwetter endlich von uns ab und es nieselt nur noch leicht. Das war mit Abstand der heftigste Regenguss, den ich bisher auf dieser Reise erleben musste. Wenn es wenigstens einen Unterstand gegeben hätte, dann hätte ich noch lachen können. Aber so bin ich triefend nass und was mich wütend macht: Auch meinen Hund hat es erwischt. Zwei Minuten später muss ich erfahren, dass das eben vergangene Gewitter von Platz Eins auf Platz Zwei fällt. Nun schüttet jemand nicht nur einen Eimer, sondern eine ganze Badewanne über uns aus. Ich laufe mit Camillo zurück zu unserer Tanne. Der Wind lässt die Kiefern knarzen, der prasselnde Regen wird zu einem monotonen Zischen. Camillo schaut mich mit seinen großen Augen an. Wasser tropft von seinen Ohren und der Nase. „Wie lange noch?", scheint er zu fragen und meint damit die ganze Reise. Mir tut es leid. Nur wegen mir muss er jetzt diesen Scheiß durchmachen. Ich bin kurz vorm Heulen. Habe ich mich nicht die letzten Tage in Demut geübt? Ich kann das Wetter nicht ändern, also habe ich mich der Natur gefügt und mich nicht mehr beklagt. Ich habe nicht einmal erwartet, dass ich daraufhin nur noch mit Sonne belohnt werde! Ich habe gar nichts erwartet. Aber nun komme ich an meine Grenzen. Wenn jetzt ein Bus vor uns halten würde, ich würde einsteigen und nach Hause fahren. Fertig. Mir reicht`s. Ich bin klatschnass. Mir ist kalt. Mein Hund ist nass geworden, das ist ein No-Go. Camillo kann nichts dafür, dass sein Herrchen so einen Scheiß macht und ihn zum Nordkap ziehen will. Wenigstens er hat das Recht, trocken zu bleiben! Aber es kommt kein Bus. Stattdessen kommt die Sonne raus, genau so plötzlich, wie der immense Platzregen kam. Würden wir nicht beide wie zwei begossene Pudel dastehen, uns würde keiner glauben, dass wir eben noch in einem Gewitter gesteckt haben. Ich laufe zurück zum Hänger. Camillo erledigt noch etwas unter der Tanne. Scheiß` ruhig auf Schweden! Sorgsam hole ich die Isomatte aus dem Hänger und schütte die Pfütze aus. Meine zweite Radlerhose und das T-Shirt darunter sind trocken geblieben. Wenigstens habe ich damit Glück gehabt. Ich mache mich sofort nackig und wechsle die Kleidung. Im passendsten Moment taucht ein Truck hinter der Steigung auf und nähert sich langsam. Kurz bevor er uns passiert, hupt der Fahrer und zeigt den Daumen nach oben. Freut mich, dass ihm mein Hintern gefallen hat.

Für den Rest des Tages haben wir Sonne. Als würde Schweden sich wieder um Wiedergutmachung bemühen. Vielleicht war`s das jetzt mit den ganzen Unwettern der Vortage. Die Wettervorhersage kündigt die ganze Zeit schon wieder sommerliches Wetter an und tatsächlich: Es wird warm. Zum ersten Mal seit Tagen klettert die Temperatur weit über zwanzig Grad. Wir haben weiterhin Rückenwind, fliegen an Seen und Wäldern vorbei und lassen uns die Berge hoch tragen. Ein Jeep fährt auf meine Höhe und der Fahrer ruft mir etwas auf Schwedisch zu. Ich nicke und zeige den Daumen nach oben. Er runzelt kurz die Stirn, dann wiederholt er seinen Ruf auf Englisch: „You lost something!" Ich blicke nach hinten. Camillo hat kein Dach mehr. Ich bedanke mich beim Fahrer, der nun selbst den Daumen nach oben zeigt, dann wende ich. Zweihundert Meter weiter hinten finde ich das Verdeck. Durch die Nässe hat es sich vollgesogen und gelöst, nachdem der Wind heftig daran gezogen hat. Fünf Minuten später ist alles wieder gerichtet und ich kann weiterfahren. In Norberg entschließe ich mich, eine Vindskyyd anzufahren. Schon lange hatte ich geplant, einmal in einer Schutzhütte zu übernachten. Direkt am See (natürlich) parke ich mein Rad unter dem Unterstand. Leider ist es nur ein Windschutz und keine geschlossene Hütte, aber es reicht, um alles auszubreiten und trocknen zu lassen. Ich setze mich an den Tisch und breite mein Essen aus. Camillo tollt durch die Gegend, zieht Holz aus dem Gebüsch und springt durch das Wasser. Zum Glück hat er das heutige Unwetter vergessen und nun wieder seinen Spaß. Wir haben heute zwar nur siebzig Kilometer geschafft, aber aufgrund der gegebenen Umstände und der siebenhundert Höhenmeter bin ich trotzdem zufrieden. Ob es allerdings bis zum Nordkap noch reicht, darüber möchte ich heute lieber nicht nachdenken. Das bringt doch nichts. Ich fahre ohnehin jeden Tag, soweit ich kann. Wozu also dieser Stress und nachrechnen. Damit versaue ich mir nur den Tag und mache mir unnötig Druck. Jetzt genieße ich in Ruhe den Sonnenuntergang, der den See in ein warmes, rotes Licht färbt. Was für ein wunderschönes Fleckchen Erde dieses Schweden doch ist. Ich bin froh, dass heute kein Bus kam.

Bis zum Nordkap sind es noch 1714 Kilometer.

Ein kleines Plastikkärtchen berechtigt mich dazu, in alle Länder der EU einzureisen. Ich kann gehen, wohin ich möchte und bleiben, solange ich möchte. Ich habe dafür nichts getan. Ich habe dieses Plastikkärtchen bekommen, weil ich zufällig in einem Land geboren wurde, das mich dazu berechtigt. Ich habe dafür nichts geleistet, ich musste dafür keine Prüfung bestehen, ich muss dafür nicht einmal eine bestimmte Sprache sprechen. Andere haben weniger Glück. Sie flüchten aus Kriegsgebieten und vor der Armut ihres Landes, legen tausende von Kilometern zurück, erleiden Folter und setzen ihr Leben aufs Spiel, um mit viel Glück auf dem Mittelmeer vor dem Ertrinken gerettet zu werden. Haben diese Menschen nicht viel mehr das Anrecht auf die Plastikkarte als ich? Wie vermessen und arrogant es doch ist, ausgerechnet diesen Menschen den Zugang zu verwehren! Wie nichtig und klein dagegen es doch ist, was ich gerade leiste. Mein First-World-Problem besteht heute darin, eine Fahrradwerkstatt ausfindig zu machen, die mir mein Radlager ersetzt. Seit gestern knarzt und klackt es heftig unter meinem Popo. Vielleicht war es ja der Regen der letzten Tage, der sämtliches Schmieröl ausgewaschen hat und nun zu so einem rapiden Verschleiß geführt hat? So alt ist das Rad ja eigentlich noch nicht, um von einer altersbedingten Abnutzung zu sprechen. Auf so einen Fall bin ich jedenfalls nicht vorbereitet und habe keine Ersatzteile dabei. Ich überlege, was im schlimmsten Fall passieren kann. Kann das Hinterrad irgendwann blockieren? Auf Instagram posten mir die befreundeten Fahrradkollegen, dass ich demnächst auf jeden Fall eine Werkstatt aufsuchen sollte. Dafür muss ich aber erst zwanzig Kilometer bis zur nächsten Kleinstadt fahren und ich stehe vor dem wohl einzigen Ladengeschäft Schwedens, das unter der Woche erst ab vierzehn Uhr öffnet. Dann wird das wohl heute wieder keine lange Tour. Ich picknicke vor dem Laden und genieße die Sonne. Welch Ironie des Schicksals, dass heute einmal die Sonne scheint, wenn ich gerade wegen einer Panne außer Gefecht gesetzt bin. Pünktlich kommt der Besitzer und schaut sich mein Laufrad an. Dabei verzieht er immer wieder das Gesicht, wie ein Handwerker, der die Wasserrohre inspiziert, um dann zu sagen: „Oje, das sieht nicht gut aus. Das wird teuer!"

Er schaut mich skeptisch an und sagt mir, dass er wahrscheinlich kein passendes Radlager für ein Cube hat. Ich frage ihn, ob ich damit weiterfahren könne.

„Perhaps", antwortet er.

Aha. Ich bin kein Freund von „wahrscheinlich" und „vielleicht" und frage ihn, was er mir denn als Lösungsvorschlag anbiete. Er entschuldigt sich kurz und kommt mit einem neuen Laufrad aus dem Lager. Für zweihundert Euro könnte er mir das inklusive Austausch anbieten. Weitere Kundschaft kommt in den Laden und schaut sich die E-Bikes an. Ich solle es mir kurz überlegen, sagt er, dann steuert er zielstrebig auf das ältere Pärchen zu und setzt sein freundlichstes Verkäufer-Grinsen auf, das seinem Gesicht zur Verfügung steht. Zögernd stehe ich vor dem angepriesenen Laufrad. Die Marke habe ich noch nie gelesen. Ich google und finde es auf zwei Seiten für achtzig Euro. Keinerlei Empfehlungen, ein absolutes No-Name-Produkt. Dafür soll ich mein gutes Cube-Laufrad hier lassen? Weil er ein Radlager im Wert von zehn Euro nicht ersetzen kann? Ich schaue mich in der Werkstatt um. Hängt da nicht ein Cube-Rahmen am Montageständer? Wieso sagt er, dass er nichts von Cube hat? Ich betrachte den Verkäufer, der gerade ein feuerrotes Pedelec anpreist. Nee, Alter, nicht mit mir. Ich schraube wieder mein Hinterrad in den Rahmen und schiebe es nach vorne durch den Verkaufsraum zurück. Die Frau sitzt gerade Probe, während ihr Mann die Federgabel eines weiteren Rades überprüft. Ich unterbreche den Verkäufer kurz in seinem Verkaufsgespräch und frage ihn, was ich ihm schulde. Er schaut kurz das Pärchen an, um die er sich gerade bemüht, dann grinst er mich mit zusammengebissenen Zähnen an und winkt ab. Das ginge schon in Ordnung, sagt er. Knarzend fahre ich weiter. Es ist ein kontrolliertes Risiko. Im schlimmsten Fall bleibe ich eben auf der Landstraße liegen. Ich habe genügend zu Essen dabei, ausreichend warme Kleidung und im Notfall ein Zelt. Aber wahrscheinlich würde nach zehn Minuten sowieso ein netter Schwede mit dem Auto anhalten und mich mitnehmen. Er würde mich nicht nach meinem Ausweis fragen, würde nicht befremdlich auf mein europäisches Aussehen reagieren und vermutlich wäre er begeistert davon, wie weit ich schon gekommen bin. Verrückte Welt. Wie so eine kleine Radtour in unserer Wohlstandsblase gefeiert wird. Vielleicht schaffe ich es ja tatsächlich bald bis zur finnischen Grenze, um dort mein Plastikkärtchen vorzuweisen. Wenn ich bedenke, wie viele Kilometer ich bereits zurück gelegt habe und wie lange ich schon unterwegs bin. Irgendwann müssen ja mal die Tage kommen, an denen das Wetter mitspielt, ich keine Defekte habe und Camillo keinen Durchfall hat. Die nächsten Tage jedenfalls sehen gut aus. Ich fliege weiter die Landstraße entlang. Zumindest scheint mein Hinterrad trotz der

Geräusche nicht zu bremsen. Oder ich bin die letzten Tage einfach fitter geworden. Die Beine gehen gut und ich habe fast 30 km/h auf dem Tacho stehen.

Schilder-Johnny ruft wieder an. Ich habe ihn „Schilder-Johnny" getauft, weil er überall im Haus seine Schilder aufhängt. Jedes Mal, wenn er nach ein paar Tagen von einer Tour zurückkommt, hat er neue Schilder dabei, die er irgendwo in der Tankstelle oder im Forst „gefunden" hat. Nach und nach tapeziert er damit die ganze Wohnung, aber nur wenige davon sind so sinnvoll, wie das Schild am Flurfenster, auf dem *Durchreiten verboten!* steht. Der Flur ist die *Fick-Dich-Allee,* hinter der Kaffeemühle steht auf Blech: *Vor dem ersten Kaffee: Schnauze halten!* und auf dem Küchenregal neben den Bierkrügen baumelt an einem Seil *Betreutes Trinken.* An seine Zimmertüre hat er, weil er sich für lustig hält, mit großen schwarzen Buchstaben auf gelbem Hintergrund *Achtung Wildtiere!* stehen. Schilder-Johnny ist Forstwirt, kann Bäume fällen und wird jeden Tag geblitzt.

Meine zweite Mitbewohnerin ist Poly-Steffi. Die Namen ihrer ganzen Freunde konnte ich mir noch nicht merken. Es ist für mich befremdlich zu sehen, wie sie am Vormittag Freund I verabschiedet und am Nachmittag bei Freund II auf dem Schoß sitzt, um ihm zu erzählen, dass sie das Wochenende mit Freund III in Paris verbringt. Poly-Steffi ist überzeugt von ihrer Polygamie, denn nun kann sie tun und lassen, was und mit wem sie es will.

Kürzlich saßen wir am Frühstückstisch und diskutierten darüber. Ich kann mir so ein Leben in keinster Weise vorstellen. Abgesehen davon, dass ich mich rein körperlich und emotional gar nicht so schnell auf eine andere Person einlassen könnte, würde ich total durcheinander kommen, wem ich was schon erzählt habe und mich vermutlich dauernd wiederholen. Poly-Steffi hat daraufhin gelacht und gesagt, dass das wirklich ein Problem sei. Ich fuhr in meiner Kritik fort und sagte ihr, dass das doch letztendlich auch nur Selbstschutz sei. Wenn man mehrere Partner am Start hat, dann ist es auch nicht so schlimm, wenn sich Freund I von ihr trennt – es sind ja noch Freund II und Freund III am Start. Poly-Steffi schüttelte den Kopf und wurde ernst: „Nein. Dann ist es immer noch genau so schlimm" , sagte sie und ich glaubte ihr.

„Das ist einfach die modernste und fortschrittlichste Art eine Beziehung zu führen", erklärte sie mir. „Es gab schon immer Polygamie in der Geschichte der Menschheit, nur wollte es keiner zugeben oder die gesellschaftlichen Zwänge und Religionen haben es nicht erlaubt. Letztendlich ist das einfach nur ein evolutionärer Fortschritt, den man jetzt offen ausleben kann. Monogamie ist nichts anderes, als serielle Polygamie!"

Dann kam Schilder-Johnny in die Küche und fragte, ob wir am Abend den Kaminofen im Wohnzimmer aufstellen könnten.

„Ich bin nicht da, da bin ich beim Poly-Stammtisch", entschuldigte sich Poly-Steffi.

Ich musste laut loslachen. Die Vorstellung, dass die evolutionär Fortschrittlichen irgendwo in einer urbayerischen Kneipe in der Rundsitzgruppe an einem Stammtisch mit Maßkrügen saßen, war einfach zu komisch.

„Bitte was? Ihr habt einen Poly-Stammtisch? Wo haltet ihr denn den ab? Im Swingerclub?" und dann lachten wir alle, während Poly-Steffi versuchte, mich mit Orangenschalen zu bewerfen.

Ich schicke ihm eine Whats-App-Nachricht, dass ich später zurück rufe. Irgendwie fehlen mir diese Verrückten. Eigentlich habe ich in Würzburg eine neue Wohnung gesucht. Ich wollte endlich da raus, wo ich seit fast fünfzehn Jahren gewohnt habe und es immer damit entschuldigte, dass die Miete einfach unschlagbar günstig sei. Meine alte Wohnung und ich, wir hatten uns schon lange auseinander gelebt. Wir waren nur noch aus praktischen Gründen zusammen, weil es bequem für uns beide war. Längst hatten wir uns nichts mehr zu sagen und ich war nur noch zum Essen und Schlafen da. Meine Freizeit verbrachte ich lieber mit anderen. Die gemeinsamen Spieleabende im Wohnzimmer oder Filmabende mit Freunden hielt ich ohne sie ab, um so lange wie möglich von zu Hause wegzubleiben. Jedes Mal, wenn ich bei ihr war, musste ich an früher denken und was wir zusammen erlebt haben. Jedes Loch in der Wand, jede Schramme an der Tür, jeder Fleck hatte eine Geschichte, die mich erdrückte und die sich einfach nicht mehr reparieren ließ. Es war zu viel umgefallen, um es einfach zu überstreichen und neu zu tapezieren. Es war Zeit, einen Schlussstrich zu ziehen, die Alpina endgültig zu verschließen und zu gehen. Außerdem hat es mich genervt, dass ständig der Nachbarshund vor meine Garage kackte.

Irgendwie ist mir schwindlig und ich halte kurz an. Vielleicht war ich doch etwas zu schnell. Ich nehme zwei Energy-Gels auf, dann fahre ich weiter.

War es wirklich nur Neugier, als ich „Landkreis Starnberg" in die Suchmaske eingegeben habe? Oder hat mein Unterbewusstsein das Ruder kurzzeitig übernommen? Da war dieses Foto von einem oberbayerischen Holzhaus, direkt an der Würm. Eine WG sucht noch einen weiteren Mitbewohner. Sie wünschen sich einen kreativen Kopf, gerne Veganer/Vegetarier, dem Ökologie und Nachhaltigkeit wichtig sind. Es war vier Uhr morgens, als ich ihnen eine Email geschickt habe. *Ihr sucht mich!*, habe ich geschrieben und dazu ein Videolink zu einem Clip, in dem Camillo eine neue Wohnung sucht. Bereits am Vormittag rief mich ein „Johnny" an. Wir verabredeten uns nächste Woche Montag zum Kaffee. Mittwoch morgen bin ich wieder gefahren und ich wusste: Wenn ich es jetzt nicht mache, dann werde ich die nächsten zwanzig Jahre auch wieder in Würzburg bleiben. Aber das war nicht mein Plan. Ich habe immer groß getönt: „Also, wenn ich mit Sechzig immer noch in Würzburg wohne, dann habe ich im Leben irgendetwas falsch gemacht!"

Ich mochte Würzburg. Ich hatte dort die bisher glücklichsten Jahre meines Lebens verbracht. Aber meine Lebensplanung sah etwas anderes vor. Ich wollte in ein Haus ziehen, gerne an einer großen Stadt wie München gelegen, aber auch weit genug draußen in der Natur. Dort sah ich meinen künftigen Lebensmittelpunkt. Das zweite Haus, mein Ferienhaus, das sollte dann in Schweden stehen, wo ich im Sommer meine Zeit verbringe, vielleicht als Schriftsteller. Irgendwann möchte ich nicht mehr so viel auf Tournee sein.

Irgendwann. Wie viele Menschen sprechen von ihren Träumen und sagen dann immer nur „Irgendwann". Ich nehme einen großen Schluck aus meiner Flasche. Die Gels haben einen ordentlichen Durst verursacht. Das war schon die richtige Entscheidung, dort runter zu ziehen. Raus aus meiner Komfortzone. Mein ganzes Leben hatte ich vorher in Unterfranken verbracht. Erst wenn man seine vertrauten Umgebung verlässt, entwickelt man sich weiter und die Sensoren sind empfänglich für neue Reize. Wie aufgeregt ich doch war, als ich das erste Mal ein paar Tage mit dem Camillobil unterwegs war und von Würzburg nach Regensburg gefahren bin. Nun bin ich schon fast drei Wochen unterwegs und rolle durch die Wälder Skandinaviens. In der letzten Stunde kam kein einziges Auto an mir vorbei. Stattdessen springt ein Reh kurz auf die Straße und schaut mich ungläubig an. Offensichtlich hat es nicht ganz gecheckt, wer ihm da näher kommt, denn es verharrt einige Sekunden, bis es den Menschen auf dem Gefährt erkennt und springt wieder zurück ins Dickicht. Ich drehe mich zu Camillo um, der nicht einmal den Kopf von den Pfoten gehoben hat und gelassen dem Wildtier hinterherschaut. Besorgt mustere ich ihn. Er wird immer müder.

Die Wolkenwand vor mir kündigt den nächsten Regenschauer an. Ein Auto kommt mir entgegen und hat noch den Scheibenwischer an. Ich schaue auf mein Handy. Wenn ich die Hauptverkehrsstraße nehme, dann sind es nur ein paar Kilometer bis zum Campingplatz in Kungsgården. Es fängt gerade an zu regnen, als ich in die Rezeption eintrete. Ein netter Mann mit weißem Bart begrüßt mich. Seine Stimme klingt freundlich und warm.

„Oh, you have luck!", sagt er mit einem zurückhaltendem Lächeln und seine Augen zeigen zum Fenster nach draußen.

Ich lächle. Ja, ich habe Glück.

Er fragt, wie viel Kilometer ich denn heute gefahren bin. Ich schaue auf meinen Tacho. Es sind 91 Kilometer. Er lächelt wieder und nickt, als würde er mir bestätigen wollen, dass ich auch so aussehe, als hätte ich eine lange Tour hinter mir. Seine Frau kommt dazu. Offensichtlich hat sie unser Gespräch im Hinterraum gehört. Ihr Gang ist elegant. Um die Augen hat sie Lachfalten. Sie trägt einen dezenten Lippenstift und lässt mit Würde ihre weißen Haare über die wenigen noch verbliebenen blonden Strähnen wachsen. Leider haben sie keine Hütte mehr, aber das Wetter soll ja morgen wieder schön werden und ich kann gerne in der Küche und im angrenzenden Aufenthaltsraum so lange sitzen bleiben, wie ich möchte. Ich bin einverstanden und lass mir die Schlüssel für die Küche aushändigen.

Der Regen lässt schon wieder nach, während ich das Zelt aufbaue. Aber es ist kalt. Es wird jetzt nachts immer kälter. Ich nehme Camillo mit in den Aufenthaltsraum und lege meine Füße auf die Elektroheizung. Ich öffne mein Handy und studiere die Landkarte. Ich bin nun auf der Höhe von Gävle, etwa zweihundert Kilometer nördlich von Stockholm. Der Wetterbericht für Morgen sagt immer noch 20 Grad und blauer Himmel voraus. Ich schließe das Handy wieder. In der Zwischenzeit ist es draußen dunkel geworden. Wenn es weiterhin so rapide kälter wird, dann muss ich mir bald eine Winterjacke kaufen. Ich betrachte Camillo, der vor der Heizung liegt und im Schlaf zuckt. So lange waren wir noch nie unterwegs. Obwohl ich ihn immer genügend füttere, hat er stark abgenommen und er wirkt erschöpft. Ich werde ihm morgen eine Dose mehr kaufen und mit Leckerlis vollstopfen, die Sonne wird ihm sicher gut tun. Mir fallen die Augen zu und ich nicke fast am Tisch ein. Besser ich gehe heute gleich ins Bett, damit ich morgen so früh wie möglich starten kann. Die nächsten Tage kann ich dann bei Sonnenschein wieder ein paar Kilometer nachholen, die ich durch den Regen verloren habe. Ich lasse meine lange Radhose und die dicken Socken an. Camillo kuschelt sich eng an mich und ich lege die Fleecedecke über ihn, die ich gestern im Supermarkt gekauft habe. „Ab morgen wird es wieder wunderbar warm werden", flüstere ich ihm ins Ohr, das durch meinen Atem gekitzelt wird und leicht kreiselt.

Bis zum Nordkap sind es noch 1627 Kilometer.

Der Regen will einfach nicht aufhören. Seit drei Stunden warte ich, dass ich endlich mein Zelt zusammen bauen kann. Es wurde heute Nacht immer kälter, der Wetterumschwung war heftig, von 20 Grad keine Spur. Camillo schaut gelangweilt durch den kleinen Fensterschlitz und beobachtet, wie die Pfützen immer größer werden. Es ist Mitte August, aber es ist ein kalter, nasser, skandinavischer Herbsttag. Ich laufe zur Rezeption und setze mich dort in das Café. Das Thermometer außen auf der Fensterbank zeigt acht Grad an. Ich bin der einzige Gast, die restlichen Urlauber scheinen sich alle in ihren warmen Wohnwagen zu verkriechen. Wohin ich denn eigentlich fahre, fragt mich die Chefin, während sie mir einen dampfenden Becher auf den Tisch stellt. Ich schaue verlegen und zögere mit der Antwort. Dann sage ich, dass ich Richtung Norden fahre. Sie nickt und spricht weiter: „Hier kommen viele vorbei, die zum Nordkap möchten."

Ich fühle mich ertappt. Ich frage sie, woher sie so gut Deutsch kann.

„Mein Vater war Deutscher."

„War?"

Sie nickt wieder nur kurz und ich schäme mich ein wenig für meine Pietätlosigkeit, aber sie klärt mich auf: „Er ist jetzt Schwede. Hat gewechselt."

Dann geht sie wieder Richtung Hinterzimmer. Bevor sie darin verschwindet sagt sie: „Du kannst deinen Hund gerne holen, wir haben auch Hunde, die hier wohnen."

Ich springe auf und hole Camillo aus dem Zelt, der sich gerade meinen Schlafsack als Decke eingerichtet hat. Der Regen ist eiskalt und obwohl es nur hundert Meter bis zur Rezeption sind, bin ich wieder durchgefroren, als ich in die Stube eintrete.

Sie kommt zurück, stellt Camillo eine Schüssel Wasser hin, die er nicht anrührt.

„Bist du hier geboren?", frage ich sie, während sie Camillo die Ohren krault.

„Nein. Wir arbeiten nur im Sommer hier, im Winter haben wir hier geschlossen und wohnen in Linköping. Unsere Tochter studiert dort."

Ihr Deutsch ist fließend, aber man hört den sympathischen schwedischen Akzent heraus. Meine Jacke dampft auf der Heizung den Regen aus. Ich schaue durchs Fenster. Die Landstraße schlängelt sich einem Feldweg entlang, bis sie in einem Wald verschwindet. Gegenüber steht ein rotes Holzhaus, das Geländer der Veranda ist weiß gestrichen. Ein kleiner Kinderbagger mit einem abgebrochenen Pedal steht davor. Die Schaufel füllt sich vom Regen und sinkt langsam in die Pfütze hinab. Für einen Moment überlege ich hinauszugehen, um die Schaufel wieder nach oben zu stellen.

„Schweden ist mein Lieblingsland. Selbst im Regen ist euer Land wunderschön", sage ich.

Sie stöhnt und scheint leicht genervt von meiner Sentimentalität zu sein.

„Die Deutschen haben immer so ein verklärtes Bild", sagt sie. „Ihr glaubt, dass in Schweden alles aus Zuckerstangen, Puppenstuben und Pippi Langstrumpf besteht."

„Aber Schweden ist doch auch schön!", sage ich.

Sie schmunzelt, während sie den Nebentisch abwischt.

„Ja, das stimmt", sagt sie. „Schweden ist sehr schön."

Ein Kleinwagen fährt vorbei, der wie ein Würfel aussieht. Sechs Elchlichter sind auf die winzige Kühlerhaube gepresst. Ich warte darauf, dass er bei der nächsten Bodenwelle vom Gewicht der Lichter vornüber kippt, aber nichts passiert.

Was mich denn so fasziniere an diesem Land, fragt sie mich. Ich erzähle ihr, dass ich mit zehn Jahren zum ersten Mal in Schweden zur Orchesterfahrt in Malmö war, dass ich vom Saab meiner Gasteltern mit dem Zündschloss in der Mittelkonsole begeistert war und von der vielen Landschaft ohne Menschen, dass ich fast jedes Jahr nach Skandinavien reise, am liebsten mit Zelt und Fahrrad und dann darüber schreibe.

Sie hört interessiert zu und verharrt einen Moment.

Ich fahre fort: „Ich habe zwei große Träume. Erstens möchte ich irgendwann einmal in einem schönen Haus in Deutschland in der Nähe der Berge leben. Zweitens möchte ich jedes Jahr während der Sommermonate Zeit in einem Ferienhaus in Schweden verbringen. In Ruhe arbeiten, ein wenig Sport machen, baden gehen. Einfach nur das Leben genießen."

Sie ist einen kurzen Moment still und denkt nach. Dann macht sie zustimmend „Hm" und überlegt wieder.

„Wie alt bist du?", fragt sie mich.

„Ich werde dieses Jahr vierzig", antworte ich und presse die Lippen zusammen.

„Und wann möchtest du dir deine Träume erfüllen?"

Ich lächle. „Meinen ersten Traum habe ich mir vor ein paar Monaten erfüllt", antworte ich. „Ich bin in die Berge nach Süddeutschland gezogen."

„Schön", sagt sie.

Sie deckt den Tisch neu ein. Es vergeht eine Minute, bis sie wieder etwas sagt.

„Aber den zweiten Traum hast du dir doch auch schon erfüllt", sagt sie und streicht die Decke glatt. Ich ziehe eine einzige Augenbraue hoch, obwohl ich das gar nicht kann.

„Naja", sagt sie. „Wenn du doch jedes Jahr in Schweden bist, dann ist dein Zelt dein Haus und wenn du darüber die ganze Zeit schreibst, dann ist das doch deine Arbeit."

Sie rubbelt an einem Fleck, dann verschwindet sie hinter der Schwingtür zur Küche.

Ich schaue aus dem Fenster. Der Bagger ist jetzt umgefallen. Ich bin jedes Jahr hier. Das stimmt. Der Regen wird wieder heftiger. Ich öffne mein Handy. Die nächsten vier Tage soll es weiter regnen, von Sonne keine Spur mehr. Ich schaffe es nicht mehr. Dieses Mal habe ich mich ein ganzes Jahr auf diese Tour vorbereitet. Stundenlang habe ich auf der Rolle gesessen, habe Trainingspläne erstellt und mir die ersten Tage genau ausgerechnet, wie viele Kilometer ich pro Tag fahren muss, um meinen Zeitplan einzuhalten. Ich habe mich über jeden Regentag geärgert, habe die schönsten Plätze nur ein paar Sekunden angeschaut und bin dann, getrieben von mir selbst, gleich wieder auf das Fahrrad gesprungen und weiter gefahren, denn ich muss ja weiter kommen, immer nur weiter, weiter, weiter. Nicht die fehlende Fitness hat mich so müde gemacht, meine Beine fühlen sich gut an. Das Wetter und der ständige Druck weiter zu fahren, das macht mürbe. Erst, als mir das Wetter egal wurde, ich nicht mehr nachgerechnet habe, auf welchen Schnitt ich kommen muss, erst dann wurde ich glücklich und frei. Sie kommt mit einer Flasche Textilreiniger zurück und bearbeitet den Fleck.

„Kann ich bitte noch einen Kaffee haben?", frage ich.

„Nachschenken ist kostenlos", sagt sie, ohne von ihrem Fleck aufzusehen.

Ich stehe auf, trage die ganze Kaffeekanne vom Tresen zu meinem Tisch und schenke nach.

„Kann ich auch ein Frühstück bestellen?"

„Natürlich", antwortet sie.

Sie holt die Karte vom Nebentisch, drückt sie mir in die Hand und bleibt neben mir stehen. Ich studiere das Frühstücksangebot und bemerke, dass sie gerade das Gleiche mit mir macht.

„Wo willst denn heute noch hinfahren?", fragt sie.

„Zum Bahnhof", sage ich und muss lachen.

NACHWORT

Es ist der Mai 2020, gerade werden hier in Bayern die Ausgangsbeschränkungen wieder gelockert, während weltweit noch die Corona-Pandemie wütet. Eigentlich wollte ich dieses Jahr wieder nach Skandinavien fahren, aber noch weiß niemand, wann die Grenzen in Europa wieder öffnen. Stattdessen habe ich mich also in Gedanken noch einmal auf die Reise gemacht und mein Buch überarbeitet. So eine lange Strecke ist auch immer eine Reise ins Ich und mir war es wichtig, auf authentische Weise aufzuschreiben, was mir während meiner Fahrt durch den Kopf ging. Womit ich allerdings nicht gerechnet habe, das war die große Resonanz, auf die ich nach der Veröffentlichung meines Buches gestoßen bin. Nach meinen Comedy-Auftritten haben mich viele Zuschauer angesprochen, die ähnliche Erfahrungen in ihrer Kindheit gemacht haben und mir ihre Vergangenheit erzählten. Ich hätte nicht gedacht, dass ich damit so viele Menschen berühre. Auch die Verkaufszahlen haben mich überrascht. Um so erfreulicher ist es, dass gerade jetzt, wo öffentliche Veranstaltungen bundesweit verboten wurden, mich viele Leser kontaktiert haben, um mich durch weitere Käufe zu unterstützen. Dafür ganz lieben Dank, das freut mich wirklich sehr!

Meinen Abbruch habe ich übrigens nie als persönliche Niederlage empfunden. Ganz ehrlich: Am Nordkap war ich schon mindestens fünfmal mit dem Kreuzfahrtschiff, da oben kenne ich jeden Stein. Es ging mir, so banal es klingt, tatsächlich um den Weg. Es war eine wunderschöne Reise mit tollen Erfahrungen. Nach dem Wetterumschwung war es einfach unrealistisch, innerhalb meines zeitlichen Rahmens am Nordkap anzukommen und...Camillo hatte echt keinen Bock mehr!

Ach ja: Camillo geht es übrigens nach wie vor prima. Er hat wieder zugenommen, fetzt durch den Garten, springt in die Würm und, wenn es sein muss, nach wie vor auch in sein Ca-millobil!

Ich danke Euch fürs Lesen, für die vielen Zuschriften und sehe Euch hoffentlich bald bei meinen Auftritten wieder!

Euer Andy

Alle Fotos, Videos, Landkarten und weitere Artikel zur Tour findest du auf:

www.AndySauerwein.de

instagram.com/andysauerwein

facebook.com/andysauerwein

Das Video zu Camillos Wohnungssuche findest du auf Youtube unter „Hund sucht Wohnung"

Abbildungsverzeichnis:

S. 6: Strecke Flensburg-Nordkap (Quelle: Google Maps)

S. 78, oben: Sanna und Kids

S. 78, unten: Achtung Katze

S. 79, oben: Peters Roller

S. 79, unten: Peter und Bolle

S. 126, oben: Kronobergs Län

S. 126, unten: Robin, Elin und Baby Heli

S. 164: Andy und Camillo im Smaland

Bildrechte: Andy Sauerwein